내 마음의 집,
내 영혼의 소리

내 마음의 집,
내 영혼의 소리

2023년 11월 24일 처음 펴냄

지은이   김옥희
펴낸이   김영호
펴낸곳   도서출판 동연
등록   제1-1383호(1992. 6. 12)
주소   서울시 마포구 월드컵로 163-3
전화   (02)335-2630
팩스   (02)335-2640
이메일   yh4321@gmail.com
인스타그램   https://www.instagram.com/dongyeon_press

ISBN 978-89-6447-976-6 03180

내 마음의 집,
내 영혼의
소리

김옥희 지음

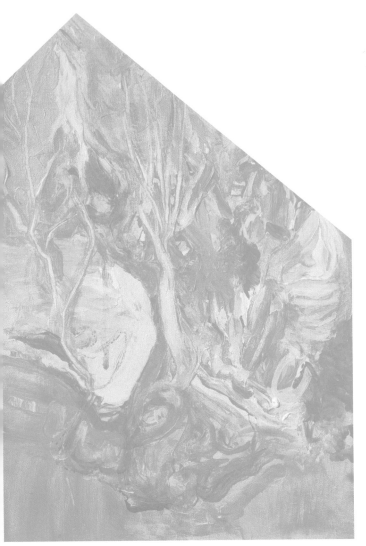

동연

마음의 집에서 울리는 영혼의 소리

꿈 작업과 연관된 김옥희 선생의 세 번째 책의 원고를 읽고 나서 떠오른 추천사의 제목이 바로 "마음의 집에서 울리는 영혼의 소리"였다. '마음의 집'은 바로 의식과 무의식을 포함한 정신의 세계이고, 영혼은 그 마음의 집에 생명을 불어넣는 불멸의 심혼이다. 그렇기에 김옥희 선생의 '영혼의 소리'는 가슴을 저미게 하고, 읽는 이의 심금을 울리며, 우리의 마음을 아프게 파고들어 '나'를 보게 하는 거울이 된다. 거울은 거짓이 없고 있는 그대로를 바로 비추어준다. 다만 그 거울에 비추는 사람의 마음에 따라 여러 가지로 굴곡이 생길 수밖에 없다. 마음에 거짓이 스며있는 사람일수록 거울을 두려워하는 이유가 이 때문이다.

저자는 이렇게 고백한다.

"'냄새나는 지하실의 문을 열 수 있는 솔직함'이 바로 이 책을 쓰게 했다. 불현듯 내면에서 솟아오른 소리를 따라 『지하 생활자의 수기』를 읽으며, '냄새나는 지하실'은 당신에게도 있다"는 문장에 숨이 멎었다. 그때 내 마음 깊은 곳에서 영혼의 불꽃이 지펴졌다. '나 자신과 화해하지 않는다면, 나는 분열되고 말 것이고, 어머니를 죽이는 사람이 되겠구나' 하는 두려움이 올라왔다. 내가 본 환상의 두려움이 컸기 때문이었을까, 나는 입에서만 뱅뱅 돌며 나오지 않던 말을 했다. "어머니가 아무리 좋은 말을 해도 나한테는 끔찍하게 들려요. 그것이 내 문제인 것 같아요. 어머니 말을 객관적으로 들으려 내가 해 볼게요. 안되면 나쁘게 들린다고 말을 할게요."

이 기록은 무의식에서 올라오는 환상과 말을 따라 지하 생활자 김옥희가 써 내려간, 자신만의 '지하 생활자의 수기'이다. 그 기록은 자신을 구원하려는 처절한 투쟁이고, 내면에서 투사된 어머니로부터 해방되기 위한 처절한 몸부림이다. 그렇기에 진정한 자기(Self)를 찾으려는 융의 개성화 과정(Individuation process)은 김옥희 자신의 영웅신화와 연결된다. 그것은 또한

한 인간의 구원을 위한 갈망이기에 죽음의 고통을 거치고 새로 태어나야만 한다. 그 힘든 길을 묵묵히 걸어갈 수 있게 하는 힘은 바로 우리 영혼이 지닌 무한한 힘이며 에너지이다. 그래서 김옥희의 '영혼의 소리'는 우리 모두에게 커다란 울림으로 다가 온다. 이 기록은 우리 모두가 진정한 자신을 찾아 나가는 힘든 과정을 보여주며, 우리 자신을 진실되게 비추어주는 거울 앞에 서게 만든다.

천륜으로 얽어진 부모로부터 해방되는 과정이 결코 쉬울 수가 없다. 그래도 우리는 부모로부터 심리적으로 해방되지 않으면 제대로 성장할 수가 없다. 그래서 눈물을 삼키며 그 힘든 길을 가야만 한다. 그래서 김옥희의 '지하 생활자의 수기' 는 읽는 이의 마음을 아리고 쓰리게 한다. 그 어려운 과정이 언제 끝날지는 모르지만, 힘들고 험한 가시밭길을 걸으면서, 인간은 성장하기 마련이다. 그 과정에서 우리 안의 어두움과 빛이, 악과 선이, 미움과 사랑이 어우러져 싸우다가 조화를 이루고 점차 통합된다. 그 과정이 바로 융이 이야기하는 대극의 조화이고 통합이다. 그렇지만 누구나 부모로부터 태어나 성장 해야 하기에 그 어려운 과정은 우리 모두에게 주어진 의무요 필연이다. 우리가 지닌 우리 안의 그림자는 강력한 저항 아래 억압되어 있고, 억압된 것이 의식됨으로써 정신적 대극의 긴장이 형성되는데, 그것 없이는 어떠한 발전도 가능하지 않은 것으로 융은 보았다.

그래서 김옥희는 다음과 같이 고백한다.

"오는 대로 고스란히 받아내고, 흐르는 자연처럼 자유롭게 살다가,
꽃이 떨어지듯 죽으면 좋겠다."

빛과 어두움, 선과 악, 사랑과 미움의 엄청난 대극 상황에서 살아가는 많은 이에게 이 책이 자신을 비추어주는 내면의 거울 앞에 서게 하는 디딤돌이 되리라 믿으며, 진정한 자기 자신을 찾고 싶어 하는 모든 이에게 일독을 자신 있게 권하고 싶다.

김정택 신부 (예수회)
서강대학교 심리학과 명예교수
국제공인 융 학파 분석가
한국 상담심리 전문가

사랑하옵는 주여
제가 너그러워질 수 있도록 가르쳐 주소서
당신을 섬기되
마땅히 받으실 만큼 섬기도록 가르쳐 주소서

주되
그 대가를 셈하지 아니하고

싸우되
상처받음을 마음에 두지 않으며

땀 흘려 일하되
휴식을 찾지 않게 하소서

힘써 일하되
당신의 뜻을 행하고 있음을 아는 보수 외에는
아무것도 바라지 않도록 가르쳐 주소서

_ 이냐시오 로욜라 성인의 〈관대함을 구하는 기도〉

봄 여름 가을

　　결코 해결되지 않는 어머니와 나의 깊은 수렁 같은 이야기를 쓰려고 했다. 절대 빠져나올 수 없지만 살다 보면 나이가 들어 힘이 빠질 것이고, 낯선 감정도 튀어나올 것이어서 그런 나를 따라가 보자 생각했다.

　　사랑과 용서가 삶의 해답이라고 알려졌지만 원망으로 뭉쳐진 마음을 놓아버리지 못한 채 늙어가는 어머니 앞에서 나의 뒤늦은 후회가 어떤 모습일지 궁금했다. 해피엔딩은 엄두도 낼 수 없는 일이어서 바라지도 않았다. 과거가 아니라 현재진행형인 상황이어서 어려운 것이라 궁색한 변명을 늘어놓을 예정이었다. 그렇게 고집스러운 나를 지켜보겠다는 생각이었다.

잘 지내는 가족보다 사이가 나쁜 가족이 더 많을 것이라고 맘대로 규정하며 이런 나에 대해 쓰는 것이 숙제처럼 여겨지기도 했다.

내가 꿈을 이해한 것이 아니라 꿈이 나를 거울처럼 비추어 주던 경험을 적은 『푸른 문』*을 출간하고, 이어서 썼던 『연민 수업』**의 마지막 꿈은 어머니와 아이가 마주 보며 꼼짝하지 않는 한 장면이었다. 그 꿈이 너무나 고집스럽고 막막해서 그다음이 있을 것 같지 않았고, 어떤 연결도 일어날 수 없을 것이라는 생각을 했다. 나에게 잘못이 있을지라도 내 잘못에 승복할 마음도 없었다. 그러나 꿈은 여전히 나에게 말을 걸어오고, 집을 둘러싼 온갖 풀과 새와 벌레들까지 자신들의 이야기를 속삭였다.

불현듯 도스토옙스키의 『지하로부터의 수기』***를 읽어야 된다는 생각이 떠오른 것은 4월이었다. 봄이 오고 있었고 세상이 연두색으로 물들기 시작하는데 내 마음에 씨앗 하나

---

* 김옥희, 『푸른 문 ― 꿈이 나를 열다』 (동연, 2021).

** 김옥희, 『연민 수업』 (동연, 2023).

*** 표도르 도스토옙스키/이동현, 『지하생활자의 수기』 (문예출판사, 1998).

가 툭 떨어진 것 같았다. 꿈과 함께 모습을 드러내는 상징들이 전혀 생각지 못한 방향으로 나를 이끌어 갈 것이라는 직감이 들었다. 그러나 머리로는 이해가 되지 않아서 책을 찾지도 않고 미적거렸다. 어렴풋이 기억나는 책 내용을 더듬어 봐도 전혀 연결점이 없는 것 같았다. 한 달이 지나서야 책장에서 책을 찾아 뒤적거렸지만, 내용의 음울한 분위기와 작가의 현학적 성찰들이 부담스럽기만 했다.

그렇게 『지하로부터의 수기』는 던져놓은 채 『매핑 도스토옙스키』를 가방에 넣어서 6월 말에 남프랑스 여행을 떠났다. 『매핑 도스토옙스키』*는 석영중 교수가 도스토옙스키가 살던 도시를 따라가며 작품들을 해석한 책으로 내가 특별히 좋아하는 책이었다.

6월에 떠난 이유는 남불의 영혼으로 불리는 보라색 라벤더밭이 보고 싶어서였다. 마르세유를 향한 비행기에서 『지하로부터의 수기』를 읽다가 "냄새나는 지하실은 당신에게도 있다"는 문장에 숨이 멈췄다. 그 순간 밖으로 나오고 싶어

---

* 석영중, 『매핑 도스토옙스키 ― 대문호의 공간을 다시 여행하다』(열린책들, 2019).

하는 몇 줄의 문장이 있어 책의 빈 곳에 받아 적었다.

죽여 버리고 싶어 순간적으로 나는 허공에 손을 뻗어 어머니의 목을 조르려고 했고, 어머니는 내 손을 잡아서 자기 목으로 가져가며 자신의 목을 내밀었다.

실제로 내가 손을 내민 것도 아니고 목을 조른 것도 아니었다. 그러나 눈을 홉뜨고 두 손을 위쪽으로 치켜들며 목을 앞으로 내민 어머니의 모습은 보이지 않는 상대로부터 목을 졸리고 있는 형상이었다.

다음 순간에 어머니는 마룻바닥에 앙상하게 마른 몸을 던지고 비명을 질렀다.

어머니의 모습을 한 나 자신과 화해하지 않는다면 나는 분열되고 말 것이고 어머니를 죽이는 사람이 되겠구나, 하는 두려움이 올라왔다.

내가 본 환상의 두려움이 컸기 때문이었을까, 나는 입에서만 뱅뱅 돌며 나오지 않던 말을 했다.

"어머니가 아무리 좋은 말을 해도 나한테는 끔찍하게 들려요. 그것이 내 문제인 것 같아요. 어머니 말을 객관적으로 들으려 내가 해볼게요. 안되면 나쁘게 들린다고 말을 할게요."

그러나 완고한 내 마음은 여전히 변화해야 될 사람은 내가 아니라 어머니라고 속삭였다. 어머니는 결코 변하지 않을 것이고 한 발도 떼지 못한 나는 돌아볼 때마다 단단한 바위로 변할 것이었다.

여행에서 돌아온 다음 날 광주에서 29살의 유진이 찾아왔다. 29살은 내가 광주를 떠나왔던 나이였다. 그다음 주에는 유진의 친구이며 인천 사는 지혜가 함께 미술치료를 공부하기 위해 찾아왔다. 그들이 이야기해 준 부모와 관계는 나와 부모의 관계를 입체적으로 보여주는 선명한 거울이었다.

부모가 양육하면서 아이의 공격성을 담아주지 못하면 아이는 억압된 분노를 자신이 잘못되었다는 도덕적 방어로 변화시킨다. 도덕적 방어에 머무르고 있는 모습의 지혜와 나름대로 부모와 관계를 잘 해결하고 있다고 생각하는 유진은 그대로 나를 비추는 거울이었다. 광주와 인천에서 갑자기 처음 보는 처녀들이 진주까지 온다는 것이 가능한 일인지 지금도 모르겠다. 그렇게 분열된 나의 외부와 내면이 살아있는 유진과 지혜의 모습으로 실제로 내 앞에 나타난 것이다.

어리둥절하며 7월을 보내고 있을 때 친구가 신부님과 면담한 이야기를 들려주었다. 누구나 자기 안에 자기 구원을 품고 있으며, 누구도 다른 사람의 삶에 잘잘못을 논할 수 없다는 깨우침에 대한 이야기였다. 사람은 죽어서 신의 앞에 섰을 때야 자기 삶을 돌아보며 잘 살았는지 잘 못 살았는지 스스로 알게 된다는 말이 가슴으로 들어왔다.

나만 잘하면 될 것을 부모의 삶을 판단하며 구원한답시고 개입했다는 것을 갑자기 알 것 같았다. 부모가 깨달아서 구원받기를 바랐고 구원된 부모가 나를 구원해주기를 바랐다는 걸 알았다.

8월에는 아버지가 병원에 입원했고, 요양병원에 가야 하는 상황이 되었다. 아버지와 병원을 다니면서 생각지 못한 국면에서 내가 왜 어머니하고 버티고 있었는가를 알게 되는 순간이 펼쳐졌다. 어머니가 외갓집으로 가버려서 아버지를 돌볼 사람이 없으니 요양병원으로 가야 한다는 내 말을 듣고 아버지는 "가정이 파괴되었네"라고 했다. 우리 형제들은 싸우는 부모와 그들의 물질적, 정서적 인색함 때문에 비참했는데 아버지는 이제야 가정이 없어졌다고 말하고 있었다. 아버지는 우리의 모욕적인 삶에서 예외였던 것이다. 아버지에게 사랑받고 싶은 적도 없었고 아버지를 미워한 적도 없었다. 폭력을 당하는 어머니를 보면서 자랐기 때문에 자식들은 아버지 앞에서 얼어붙어 있었다. 그것은 바로 가부장제였다. 그 집에서 어머니와 자식들은 서로 고통스러운 비명을 지르며 살아남고자 싸웠다. 아버지는 아예 건드리지도 못하고 어머니가 만만했던 것이다. 어머니는 병이 깊어져서 치료가 필요한 사람이었는데 그저 나쁜 사람이라며 버려두고 있었다는 사실을 깨달았다.

고집스러운 나를 지켜보자 했는데 꿈과 현실이 마주치는 우연과 동시성은 생각지 못한 새로운 길 위에 나를 데려다 놓았다. 놀랍게도 나는 버티고 앉아있던 꿈에서 깨어나 어떤 길 위에 서 있다. 이제는 내가 결코 뒤돌아보지 않을 거라는 것도 알았다.

그렇다고 갑자기 나의 영혼이 근사해지거나 빛으로 충만해진 건 아니다. 여전히 어머니와 나는 피해자 겨루기를 하고 있으며, 아버지는 요양병원에 적응하지 못하여 분개하고 있다. 그것들을 지켜보면서 내 삶의 몫을 겪어내야 한다는 걸 알았다. 그 늙음과 병과 죽음이 또한 내게 닥쳐올 것이어서 무섭지만 이 두려움과 불안이 내가 받아들여야 하는 세상의 진실이라는 걸 알았다. 그래서 복종 의지로 '하느님, 진리, 사랑'이라는 큰 힘에 도움을 청하는 기도가 필요할 뿐임을 알았다.

주님,
제 뜻대로 마시고 당신 뜻대로 하옵소서

2023년 10월
김옥희 씀

차 례

Part 1

봄

그러므로 세상을 바꾸려 하지 말고 세상을 바라보는 너의 마음을 바꾸기로 선택하라. 지각은 결과이지 원인이 아니다.

_ 기적수업

지하실

• • •

신랄한 표현을 유머러스하게 구사하는 석영중 교수의 문장은 명료하고 우아했다. 석 교수의 『매핑 도스토옙스키』를 모스크바에 가기 전에 읽었더라면 도스토옙스키를 기념하는 전철역을 다녀왔을 것이다. 그리고 예전의 빈민 병원 앞에 세워진 '피할 수 없는 고통을 두 손으로 움켜쥐고 있는' 그의 동상을 보러 갔을 것이다.

아쉽게도 모스크바와 상트페테르부르크를 다녀와서야 『매핑 도스토옙스키』를 읽었다. 석 교수의 애정이 치우친 건지 나의 편애였는지 이어서 읽은 톨스토이는 그렇게까지 감동적이지 않았다. 도스토옙스키를 읽으면서 삶에 대한 끝도 없는 절망과 한없이 일어나는 열렬한 연민을 느꼈다. 이렇게 운명을 뜨겁고 절절하게 맞서는 대문호의 삶은 그래서 투명한 얼음처럼 춥고 빛이 났다.

그렇게 열에 달뜬 상태로 서점에 가서 도스토옙스키의 작품을 고르면서 『지하로부터의 수기』도 챙겼다. 그러나 막상 석영중 교수가 읽어주는 글을 보다가 빡빡한 문장으로 들어찬 소설들을 읽으려니 제대로 읽지 못하고 제쳐놓았던 것이 벌써 5년 전이었다.

그러다 문득 『지하로부터의 수기』를 읽어야겠다는 생각이 머리를 스쳤다. 문득 떠오른 생각은 이유도 없고 납득할 수도 없었다. 갑자기 왜 『지하로부터의 수기』를 읽어야 하는지 의식적으로 전혀 이해가 안 되어서 책을 찾는데 한 달, 머리맡에 놔두고 한 달, 1부의 두어 장을 펼쳐보며 한 달을 지내다가… 봄이 되면서 아무리 봐도 어려워 보이는 1부를 건너뛰어서 2부를 먼저 읽었다.

그러나 이 책이 나에게 어떤 이야기를 하고 싶어 하는지 알아들을 수가 없었다. 결국은 석영중 교수의 『매핑 도스토옙스키』에서 지하 생활자에 대한 부분을 다시 읽어보기로 했고, 내가 줄을 그어놓은 구절을 발견했다.

　　자신이 자연의 법칙으로부터 자유롭다는 것을 입증하려는 지하 생
　　활자의 모든 시도는 실패한다. 그는 아무것도 의지대로 하지 못한
　　다. (나는 사악했을 뿐 아니라 그 무엇도 될 수 없었다. 악한 자도,
　　선한 자도, 비열한 자도, 정직한 자도, 영웅도, 벌레도 될 수 없었다.)
　　"지하로부터 수기"의 의미는 주인공의 반항 그 자체에 있다. 그는
　　반역을 위해 반역한다. 살아있음을 확인하기 위해 반역한다. 그의
　　반역은 비장하고 처절하다.

　　도스토옙스키의 모든 작품을 관통하는 주제는 인간의 선
함과 잔인함, 신성과 악마성, 인내와 반항, 우월감과 열등감
을 받아들인 후에 찾아오는 구원이다. 『지하로부터의 수기』
는 특히 『죄와 벌』의 밑그림이라고 알려진 책이며, 도스토옙
스키의 전 작품을 이해할 수 있는 열쇠라고 말한다.
　　지하에서 40년을 살았다는 전제가 이미 인간 내면의 음성
과 자의식의 음성이 부딪히며 만들어 내는 파열음을 들려줄
거라 예고하고 있다. 계속 판단하고 중얼거리는 과잉된 자의
식과 뒤틀리고 억압된 내면이 끝없이 대면하는 것이다.

그쯤에서 치워났다가 여름이 지나갈 때쯤 아직도 지하 생활자를 제대로 알지 못한다는 생각이 들어서 다시 책을 펼쳤다. 다시 읽으면서 저번에는 1부의 첫 문장조차 받아들일 상태가 아니었다는 것을 알았다.

나는 병든 인간이다. 나는 사악한 인간이다. 사람들은 나를 싫어한다.

이 첫 문장을 보면서도 이 책을 왜 읽어야 하는지 몰랐다는 것은 내가 많이 아프다는 걸 계속 인정하지 못했기 때문이란 것을 알았다. '냄새 나는 지하실'의 문을 열 수 있는 솔직함이 없었던 것이다.

지하실의 문 앞을 막고서 버티고 있던 나는 결국 어떤 힘에 밀려서 열린 문 아래로 굴러떨어져 나자빠지고 말았다. 지하로 굴러떨어진 나는 처음에는 망연자실했지만 늘 그렇듯이 누운 채로 잔잔한 쾌감을 느꼈다. 오래전부터 내가 두려워했던 아득한 틈이 있었는데 그것이 분열된 나와 나의 틈이었다는 것이 분명해졌다. 나는 두 개의 정체로 살며 그 틈으로 빠질까 무서워서 마음껏 살아보지 못했다는 것을 알게 되었다. 뒷걸음치며 피해오다가 결국 그 틈 사이의 지하실로 빠진 것이다. 나의 한 부분은 피해자이며 복수라는 낱말에서 힘을 느끼는 변덕스러운 사람이었고, 또 한 부분은 거만하게 여유 있는 태도를 취하며 자비로운 사람처럼 살아가는 부분이었다. 불행히도 주인공인 지하 생활자처럼 논리적이고 지적이지는 못하지만, 정서적인 부분에서 나는 국적과 성별이 다른 지하 생활자의 파편이었다.

석영중 교수는 도스토옙스키가 지하 생활자에게 이름을 붙여주지 않은 것은 아쉬운 일이라고 말한다. 그랬더라면 그 이름은 햄릿, 돈키호테, 파우스트처럼 독자의 입에 오르내렸을 것이라고 말한다. 그러나 나는 도스토옙스키가 군이 이름을 붙이지 않은 이유도 알 것 같다. 지하 생활자는 이름을 드러내고 싶지도 않고, 이름이 불리기를 원하지도 않았다. 그는 어두운 지하실에 존재하는 우리 모두의 그림자여서 보편타당한 대명사로 불려야 하기 때문이다. 그리스도가 우리의 신성한 내면을 지칭하듯이 그도 우리의 '지하 생활자'로 불려야 한다.

지하 생활자의 2부는 주인공이 창녀 '리자'가 사라진 길을 향하여 그녀의 이름을 부르며 끝난다. 지하 생활자가 병적인 자의식으로 이상을 추구하는 한 그를 구원할 사람은 대극에 자리한 순박한 매춘부인 것이다. 그렇게 '리자'는 발전하여 죄와 벌의 구원자인 '소냐'가 될 것이다.

소냐의 이름을 쓰고 잠든 다음 날 아침에 "지하실로 빠졌다고 생각한 것은 의식의 이야기이고, 나는 원래부터 지하실에서 살고 있었다"는 문장이 떠올랐다. 내내 지하실에서 살면서 사는 곳이 지하실인 줄 모르다가 비로소 원래 내가 지하생활자였다는 걸 알게 된 것이다.

많은 사람이 오가는 사거리 한가운데서 무릎을 꿇고 살인을 고백하고 진정한 장소인 유형지로 떠나기 위해서 우리는 순결한 매춘부 '소냐'를 만나야 한다.

식물의 뿌리

•••

머칠 전 들렀던 친구 집에서 두꺼운 융의 책을 발견했는데, 같은 책을 '선물'이라며 택배로 받았다. 친구의 책꽂이에서 융이 눈에 띄어서 꺼내 들었고, 너무 두꺼워서 읽기에는 어렵겠다 싶어서 내려놓았던 책이었다. (2023년 5월 6일)

며칠 후에 오랜만에 만난 화정 선생님이 "살면서 지나온 고통을 돌아보는 게 행복이라고 융이 말했대요"라고 하였다. 그 말을 듣는 순간 머릿속의 안개가 걷히듯 융의 책을 택배로 선물 받은 것이 사실이 아니고 꿈이었다는 것을 알아차렸다.

꿈에서 본 어두운색 표지의 『융의 생애와 사상』을 인터넷으로 검색하니 절판된 책이어서 헌책을 주문해서 받아보았다. 옛날에 나온 책이라서 글씨가 너무 작고 흐린데다 살펴보았더니 새로 나온 융의 자서전 『카를 융 기억 꿈 사상』*과 같은 내용인데 출판사와 번역자가 다른 책이었다. 헌책에는 편집자인 아니엘라 야페의 글이 앞 장에 나와 있는데 내가 갖고 있는 최근 책은 아니엘라 야페의 글이 맨 뒤로 가 있는 차이가 있었다.

편집자의 말에서 내가 줄을 그어놓은 문장이 보였는데 "우리는 1957년 초에 작업을 시작했다"였다. 1957년은 내가 태어난 해인데, 그 해에 융의 자서전이 시작되었다는 내용을 보고 굳이 나 혼자 의미 부여하며 줄을 그어 놓았던 것이다.

서문을 다시 읽어보다 마당이 있는 집에 살게 된 까닭에 식물과 뿌리에 대한 은유가 새삼 이해가 잘 되었다.

언제나 나에게 인생은 뿌리를 통하여 살아가는 식물처럼 생각되었다. 식물의 고유한 삶은 뿌리 속에 감추어져 보이지 않는다. 지상에

---

* 칼 구스타프 융/조성기, 『카를 융, 기억 꿈 사상』(김영사, 2007).

드러나 보이는 부분은 단지 여름 동안만 버틴다. 그러다가 시들고 마는데 하루살이같이 덧없는 현상이다. 생명과 문화의 끝없는 생성과 소멸을 생각하면 전적으로 허무한 느낌을 받게 된다. 하지만 나는 영원한 변화 속에서도 살아서 존속하는 그 무언가에 대한 감각을 결코 잃어버린 적이 없다. 우리가 보고 있는 것은 사라져갈 꽃이다. 그러나 땅속 뿌리는 여전히 남아있다. 그러므로 나는 내적 체험들을 주로 이야기하게 되는데, 여기에는 나의 꿈과 환상들이 포함된다.

_『카를 융 기억 꿈 사상』

우리 집에 들른 친구가 뒷마당의 작은 밭을 보며 "내가 본 중에 제일 작은 텃밭이네" 했다. 다섯 그루의 방울토마토 옆에 세 그루의 고추나무, 다섯 개의 상추, 옆에 봉숭아 씨를 뿌렸고, 수선화와 튤립이 필 때도 있으니 가장 작은 텃밭 겸 꽃밭이긴 할 것 같다. 반대편 마당 귀퉁이에는 호박 모종 하나, 가지 모종 하나도 심었다. 가지만 열매 맺지 못하고 다른 식물들은 난리도 아니게 흐드러져서 열매 수확까지 했다.

마당에는 십 년 전부터 심겨있던 장미가 5월이면 피어나고, 8월에는 백합이 희게 피었다. 원래는 붉은 장미만 있었는데 이사 오고 나서 올봄에 노란 장미도 한 그루 심었다. '꿈에 나타나는 꽃'은 통합 그 자체를 보여주는 상징이고, 대극을 초월하는 원형인 자기를 나타낸다고 설명된다. 장미는 그리스도를 의미하고, 백합은 청순함과 순진무구로 성모 마리아를 의미한다고도 알려져 있다. 작은 마당에 아름다운 세상의 장미와 부활의 상징인 백합을 심어 놓았다.

친구 집에 다시 들를 일이 있어 두꺼운 융의 책을 눈여겨 보았더니 융의 생애와 사상이 아니고 배로 더 두꺼운 전집이었다. 두께에 볼 엄두가 안 나서 보여 달라 말도 못 하고 돌아왔다.

올여름은 더위가 길고 비가 많이 왔다. 긴 여름 동안 나는 꿈보다도 더 꿈인 것처럼 일상을 살았다. 마주치는 풍경들의 상징과 은유를 찾고 경험하며 나를 이해했다. 변화하는 풍경들같이 '나도 담담하게 흘렀으면…' 소원하기도 했다. 가을로 바뀌는 길목에서 꽃도 지고 열매도 져서 시든 줄기들만 남고, 그래도 뿌리는 땅 밑에 남아있다는 걸 생각했다.

고집스럽게 꽃과 열매만을 기뻐하며 성취라고 믿었던 시간들이 길었다. 내 생각과 판단만이 옳은 것이라고 주장했다. 꺾이고 시들어가는 것들에 대해 부정적인 투사를 일으키고 온통 자의식을 투사한다. 오는 대로 고스란히 받아내고, 흐르는 자연처럼 가만가만 살다가 꽃이 떨어지듯 죽으면 좋겠다.

장미

...

     십여 년 동안 한 번도 거름도 주지 않고 약도 치지 않았던 장미나무에 5월이 되자 어김없이 꽃망울이 생겼다. 장미가 엄청나게 생존력이 강하다는 걸 다시 알게 된 봄이었다. 보살펴 준 적이 없는데도 장미가 살아있음을 화려한 꽃으로 보여주는 모습은 놀라웠다.

     이제 보니 매화나무가 장미나무를 가렸고, 작은 산과 경계에 심어서 벌레도 많은 땅이었다. 이미 죽었다 해도 할 말이 없을 만큼 빈집으로 있었고, 쳐다봐 준 적이 없는데도 죽지 않고 버틴 꽃나무가 대단했다. 그런데 이번에는 장미가 햇빛을 받는 것을 좋아한다는 정보도 들어서 그늘을 만들던 매실나무 가지를 잘라냈고 거름도 주었다.

꽃은 며칠 동안 용을 쓰다가 피어나는 듯했고, 싱싱한 상태로 일주일을 버티지 못하고 금세 꽃잎이 쳐졌다. 초록 이파리도 병이 든 것처럼 노랗게 변색되며 검은 점까지 생겼다. 그러함에도 같은 뿌리에서는 옆으로 새로운 줄기가 몇 개 뻗어 나오고 있다.

제일 먼저 피기 시작한 장미를 아침저녁으로 눈 맞추고 기다리며 다음 해가 되기 전에는 좋은 흙과 방제를 해야겠다고 생각했다.

장미꽃을 살피며 비로소 내가 나를 봐주고 지지해준다는 생각이 들었다. 다른 집 울타리에 풍성하게 피어있는 꽃들을 구경하며 당연하게 여겼는데 보이지 않는 돌봄이 있었다는 걸 알겠다. 피는 꽃이 당연한 것이 아니라 잘 보살펴줘야 잘 피는 것이다.

붉은 장미가 피고 지며 시들고 있을 때 두 달 전 이만 원 주고 사다 심은 노란 장미 줄기에 꽃망울이 생기기 시작한 것을 발견했다. 내년 봄에나 피겠지 하며 올해는 기대도 하지 않았는데 노란빛을 품은 초록 망울을 보니 반가웠다. 그러나 나란히 같이 피어난 노란 장미 세 송이의 꽃잎이 활짝 열릴 때 하필이면 폭우가 내렸다. 빠르게 갈색으로 시드는 꽃잎이 안타까운데 옆에 작은 꽃망울들도 하필이면 다음 날 빗속에서 피었다가 햇빛도 받아보지 못하고 꽃잎을 떨구며 사그라졌다.

저녁내 내리던 비가 잠깐 멈춘 아침에 피어났던 꽃들이었는데, 다시 내리기 시작한 비에 속수무책 어찌할 수가 없었다. 노란 장미는 누렇게 처져서 흙 묻은 손으로 눈물을 닦은 아이 얼굴 같았다. 더러운 손자국이 생긴 장미는 지저분해진 얼굴로 뭔가를 호소하는 것도 같았다.

'괜찮아 내가 너희들을 보고 있었어. 비가 와도 피어 있으려 애쓰던 너의 의지도 보았고 노란 꽃잎을 보여주려고 한 너의 마음도 느꼈어. 우리가 내년에 만날 때 서로 기억하자.'

비가 그치고 노란 꽃망울이 아직 하나 남아있는 걸 발견했다. 붉은 꽃도 다 지고 노란 꽃 몇 개도 폭우에 무너지고 끝난 줄 알았는데 노란 장미 하나가 촛불처럼 혼자 피어났다. 꽃이 피는 그것은 신이 피는 것이라던 말이 생각나는 날이다.

매화나무도 밑동을 잘라내면 옆으로 가지를 뻗으며 잎을 만들고, 장미도 가지를 꺾어 심어도 살아난다.

그러나 소나무는 가지가 꺾이거나 병충해가 생기면 뿌리도 같이 죽어버린다고 한다. 소나무 가지 하나가 창문을 향해 뻗는 것을 삼촌이 소나무 몸통의 방향을 우지끈 틀어 노끈으로 묶어놓았는데 조금씩 마르더니 결국 죽어버렸다. 다른 나무처럼 죽은 부분을 자르고 키우면 되겠지 했는데 소나무는 이미 뿌리도 함께 죽어가고 있었다. 그래서 소나무를 절개가 있다고 하는가 싶다.

내 마음의 어떤 것을 그렇게 방향을 바꿔보려다가 아예 죽여 버렸을까? 창문 쪽으로 뻗어서 길을 막은 가지만 조금 잘라주었으면 좋았을 성싶다. 그렇게 꺾인 것을 보면서도 나무의 신음을 듣지 못하고 지나쳐 다녔다. 처음에 보고 나서는 왜 그랬냐고, 불쌍하다고 해놓고는 잘 되겠지 무심했다. 그래도 남은 두 그루의 소나무는 그동안 뿌리가 깊어지고, 초록색 뾰족한 잎도 무성하게 잘 자라고 있어서 다행이다.

지네

●●●

　자다가 손가락이 따끔해서 잠이 깨었는데 지네가 도망치는 중이어서 남편을 깨워 잡았다. 응급실에 가야 되나 수선을 떠는데 잠이 덜 깬 남편이 멍하게 쳐다봐서 민망해진 나는 마음을 진정하고 인터넷 검색을 했다. 비누로 손을 씻고 얼음으로 차게 하라고 되어있다. 얼음을 대고 누웠지만 계속 따끔거려서 붉은 고추를 으깨서 바르면 낫는다는 민간요법을 들은 기억이 났다. 지네가 음기여서 양기인 고추가 약이라는 설명이었다. 고추는 없지만, 고춧가루는 있으니 임시방편으로 고춧가루를 묻혀서 싸매고 잠이 들었다. 고춧가루 효과인지 아침에 손가락은 아무렇지도 않았다.

그러나 이 집 어딘가를 기어 다닐 지네가 문제였다. 거기에다 지네는 사이도 좋게 쌍으로 다닌다는 소문까지 들은 터였다. 죽은 지네 말고 또 한 마리 그리고 어쩌면 또 두 마리라니… 검고 긴 것만 보여도 비명을 지르고 뭔가 몸에 닿는 느낌만 들어도 놀라며 머리가 쭈뼛거렸다. 혼자서 어찌나 깜짝깜짝 놀라는지 제 명에 살기는 틀렸구나 싶을 정도였다.

구입한 흰 가루약을 여기저기 뿌려놓고 불안해하다가 화장실에서 손을 물었던 지네보다 더 큰 지네를 결국 발견했다. 마땅한 도구가 없어 허둥거리는데 가구와 바닥 틈으로 사라져버렸다. 그 자리에 흰 가루약을 잔뜩 뿌려놓았더니 다행히 약에 묻은 지네는 시간이 지나서 힘없이 나타났고, 이틀 후에는 신발이 있는 현관에서 또 지네가 발견되었는데 마침 옆에 준비해 놓은 약을 무지막지 뿌려서 잡았다.

도대체 왜 내 눈앞에만 나타나는지 남편은 내가 소리를 지르며 난리를 쳐서 잡아놓은 지네만 치울 뿐이었다. 그러나 그렇게 지네를 잡고는 문득 시원해졌다. 이젠 집안에 지네는 없다는 맹목적인 믿음에 안전하다는 느낌이 들었다. 이 상황이 꿈이라면 지네를 죽이는 꿈은 오랫동안 힘들었던 일을 깔끔하게 마무리하는 꿈이라며 나를 달랬다.

'나는 좋은 꿈을 꾼 거야.'

어둡고 습한 데서 사는 지네는 위험하고 무서운 독을 갖고 있지만 그 독이 약으로 쓰이기도 해서 옛날 한약방에 가면 잘 말린 지네가 주렁주렁 달려있었다. 지네는 마디마다 달린 발이 백 개라고 하며 옛날이야기에 등장하여 파괴적인 힘이나 요술을 보이기도 한다.

꿈속에서 지네와 접촉하거나 물리거나 하면 에너지의 교류가 일어나서 지네의 그림자가 살아나 꿈꾼 이를 위협하는 일이 생길 수도 있고, 반대로 비범한 힘을 일깨워준다고 한다.

안 보이게 기어들어 와서 집안 공간을 휘젓고 다니는 지네의 느낌은 나의 경계를 침범하고 들어오는 그림자들 같다.

외할아버지가 일찍 돌아가셔서 여학교 교복을 입은 사촌들 사이에 치마저고리를 입은 채 웃고 있는 어머니가 어둠 속에 있다. 그들 뒤에 더 깊은 곳에는 검고 붉은빛을 띠는 내가 있다. 꼭꼭 숨은 나를 꺼내줄 수가 없다. 끝도 없이 길게 따라 나올 비명을 어쩌지 못하겠다.

어둠이 깔리고 습한 바람에 백 개의 발로 기어들어 온 지네는 집안의 가장 구석진 곳에 도사리고 있다가 모두 잠든 밤에 나의 손과 팔을 깨문다. 깨어나라고… 잊어버리지 말라고….

'나의 독을 기꺼이 받아들이면 너에게 영험한 치유가 일어날 것이지만, 나를 피해 도망치면 내 발이 스친 너의 상처는 붉게 달아올라 모두에게 드러나게 될 것이야. 모두가 너의 드러난 상처를 쳐다보며 눈을 흘기고 외면할 것이야.'

지네는 어두운 밤이면 음습한 곳을 기어 나와서 귀에 대고 속삭이는 것이다.

'나를 피할 수 있을 것 같니? 내 독에 쏘여 눈이 멀어 아무것도 보지 못하게 되던 지 아니면 나와 함께 영원히 어둠 속으로 기어 다녀야 할 것이야. 몸이 갈라져 마디가 생기고 마디마다 발이 하나씩 생기고 습한 자리를 찾아 웅크릴 것이야. 너는 죽은 후에도 그림자를 끌며 숨을 곳을 찾아다녀야 할 것이야.'

불길

●●●

내 몸의 왼쪽 아래 뱃속에서 횃불같이 작은 불길이 확 타오른다.
다음 순간 몸 바깥에서도 비슷한 불길이 생긴다. (2023년 6월
7일)

뜨겁거나 태우지는 않는 횃불처럼 보이는 불이다. 횃불이
무엇인가를 찾을 때 사용하는 불이라고 본다면 나의 무의식
에서 무엇인가를 찾아야 한다는 것을 의미한다.

안과 바깥에서 같이 타는 이 불길은 뭐지? 하는 중에 승희
가 '가와이 하야오'의 책을 읽어보라고 알려줬다. 모성의 양면

성을 민담으로 설명한 내용이라고 했다. 책에는 마녀 어머니에 의해 태워지는 소녀와 구원으로 연결해주는 빛의 어머니를 설명하며 '어머니 죽이기'에 대한 민담 이야기가 있었다.

〈트루데 부인〉이란 민담은 주인공 소녀의 성격을 묘사하며 시작한다. "고집 세고 건방진데다 부모님 말에 고분고분 따른 적이 없습니다." 가면 안 된다는 부모의 경고를 듣지 않고 호기심으로 달려간 소녀는 '마녀의 진짜 모습'을 보게 되고 마녀에 의해 나무토막이 되어 불에 타게 된다. 마녀는 말한다. "어이쿠 밝기도 해라. 밝기도 해."

불의 상징은 어떤 불이라도 하늘을 향한 의지를 뜻하지만 어머니, 자연의 힘보다 하늘로 향하는 의지가 약하면 불꽃은 한순간 주변을 밝게 비추기는 하나 다시 어둠 속으로 돌아가고 만다는 해석이 곁들여 있다.

반대로 똑같은 호기심으로 인해 어려움을 당하지만 결국 자신과 하늘을 잇는 불을 찾은 여성의 이야기 〈성모마리아의 아이〉도 있다.

이 민담에 나오는 소녀도 호기심 때문에 열지 말라는 13번째의 문을 열었고 세 번의 기회에도 고집스럽게 거짓말을 함으로 화형에 처해질 위기에 처한다. 그러나 "성모님 사실은 그 문을 열어봤어요"라고 고백하는 순간 비가 내려 타오르던 불이 꺼지고 한 줄기 빛이 비치고, 성모님은 죽었던 그녀의 세 아이를 데리고 내려와 용서해준다. 자신의 세 아이를 희생시키면서도 솔직할 수 없었던 고집스러움은 여기에서 남성적인 요소가 긍정적으로 쓰인 예라고 설명된다. 여기에서 불은 명확하게 치유와 정화의 의미를 지닌 걸로 본다.

그리고 유명한 헨젤과 그레텔에 나오는, 마녀를 빵 굽는 화덕에 밀어 넣는 이야기이다. 빵이 구워지는 화덕은 어머니의 자궁을 의미하며 불에 의해 생명이 변용되는 기능을 나타낸다. 즉, 마녀가 불로서 속죄받는다는 뜻이며, 아이들이 가지고 나오는 보석과 강을 건너게 도와주는 하얀 오리는 긍정적으로 변용된 모성을 보여준다. 이 이야기에서 그레텔이 강하고 배려하는 아이로 변한 것을 보여주는 걸로 보아 주인공을 그레텔이라고 해석하는 가와이 하야오의 글은 무척 신선했다.

꿈에서 횃불 정도의 크기로 일어난 불이 어떤 불이 될 것인지는 내가 얼마나 지혜로워지고 용기 있게 행동할 수 있을 것인가의 문제라는 생각을 하게 한다. 그저 주위를 잠깐 밝히고 사그라지는 불꽃일지, 하늘의 빛과 연결되어 구원을 가능하게 하는 정화의 불길일지는 내 믿음에 달려있다. 스스로 완벽하게 타올라서 불새처럼 날아오르는 생명으로 변화할 것을 기대하게 되는 꿈이라고 이해했다.

마녀인 계모가 나오는 백설 공주 이야기도 원래 친어머니였는데 민담을 모아서 발행한 그림 형제가 1840년 결정판 때 계모로 바꾼 것이라고 한다. 질투심으로 딸을 죽이려 한 왕비가 원래는 백설 공주의 친어머니인 것이다.

현대에도 어머니가 아이를 죽이는 비정한 이야기를 우리는 일상적으로 뉴스에서 보고 있다. 낙태가 사회 문제인 것도 오래되었으나 어머니가 자식을 죽이는 일이 해결되지 못하고 있는 것도 오래되었다. 윤리나 종교 문제로 다룰 수 있는 것이 아니라 인간의 이기적이고 본능적인 생명의 문제인 것이다. 너를 죽이고라도 내가 살아야겠다는 본능적 이기심에서 자식이 제외되지 않는 것이다.

민담은 계모냐 친어머니냐를 따지는 것이 아니고, 인간 어머니로서 누구에게나 있는 긍정적 측면과 부정적 측면의 본질을 이야기하고 있다는 것을 다시 생각하게 한다.

풀

• • •

날로 무성해지는 풀을 이기는 방법으로 마당을 정리하고 보니 결과적으로 디딤돌이 깔려서 깔끔한 부분과 잔디와 풀로 어수선한 부분 둘로 나뉘었다. 잔디 사이로 자라는 풀들이 감당이 안 되어 모래를 두껍게 깔고, 걷는 보폭을 가늠해서 디딤돌을 깔았다. 넓지도 않은 마당인데도 깔다가 보니 디딤돌 가격이 생각보다 비싼데다 너무 인공적인 것 같아서 반은 초록색 잔디밭 그대로 두었다.

나누어진 마당의 두 부분은 너무 달라서 이중인격자처럼

보인다. 돌을 깔아 준 삼촌의 성미대로 줄까지 반듯하게 맞추어져 있어서 더욱 극명하게 다른 모습을 유지하고 있다. 나 같으면 아무렇게나 던져놓을 돌을 삼촌은 가지런해야 한다며 줄을 세웠다. 일하는 사람이 그래야 한다니 그런가 보다 했고, 보기 좋았는데 깔끔하게 깔아놓은 돌과 풀이 가득한 초록색 마당의 조화가 결국 내 이중적인 마음 상태 같아서 실소가 터졌다. 무엇을 해도 지 모양대로 한다더니 하다못해 마당까지 이중인격을 버젓이 보여주고 있다.

거기에 대문 입구에 잘 깔아놓은 모래와 돌은 비가 오면서 물줄기가 생겼고, 그대로 파헤쳐진 모양이 되어서 울퉁불퉁해졌다. 그 사이로 풀이 자라고 모래는 쓸리고 엉망이 되었다.

내 마음과 똑같이 만들어진 입구와 마당이지만 그래도 구부리면 안 되는 퇴행성관절염인 무릎으로 풀을 뽑아서 그만한다. 덕분에 아플 것 같아서 미루고 미루던 연골주사까지 무릎에 맞았다. 아직도 제일 뽑기 어려운 질경이와 제비꽃 어성초가 남았는데, 한번 맘먹고 풀 뽑기를 할 참이다.

꿈에서도 풀은 나를 망가뜨리고 행복하지 못하게 하는 습관적인 태도나 행동을 말한다고 했다. 통제하지 못한 풀은 광란적으로 변할 것이라고 섬뜩하게 경고까지 하고 있다.

풀들도 나름의 전략이 있어서 모두 다르게 땅에 뿌리를 내린다. 뿌리를 일자로 내리고 있는 개망초 싹은 뽑기가 쉬운데 땅에 몸을 납작 붙여버린 풀은 손에 잡히지도 않고, 손톱을 흙 속으로 넣어 잡아보아도 뿌리가 절대 따라 나오지 않고 끊긴다. 그래서 맨손으로는 불가능하여 호미를 사용해야 되고, 그래도 뿌리가 땅을 꽉 잡고 있어서 포기하게 된다. 잔디와 비슷한 모양을 하고 잔디 사이에서 눈을 속이는 애들도 종류가 하나가 아니다. 너무 비슷해서 버려두면 잔디 가운데를 차지하고 뿌리를 깊게 내리고 무성해진다. 그때야 잔디와 구별되고 뽑기는 어려워진다. 보통 풀처럼 순해 보이지만 조금만 자라면 거친 가시를 내보이며 옆에 있는 나무나 울타리 등 온 데를 감고 올라가며 끝도 없이 커져서 감당이 안 되는 애들도 있다. 그러한 면에서 칡이 대단하게 그 재능을 보여주는데 애도 만만치 않아 자라면서 줄기와 잎에는 가시까지 생겨서 손에 상처까지 내는 아이들이다.

그래도 다 자란 '애기똥풀'이 노란 꽃을 피우면 내버려 두기도 한다. 민들레도 자리를 잘 잡고 노란 꽃을 밀어 올리면 봐주게 된다. 봐주다가 그들의 끝 간데없는 크기와 번식력에 낭패를 보지만 봄을 알리는 노란 꽃에 늘 속는다. 그래도 내가 원하는 모습의 풀은 민들레나 개망초이다. 적어도 노란 꽃을 피우며 정체성도 확실하고 뽑혀야 된다면 기꺼이 뽑히는 풀이어서다.

산자락에 피어있는 보라색 제비꽃이 예뻐서 마당에 옮겨 심었다가 잔디 사이사이에 파고 들어가 굳게 자리를 잡아서 애를 먹고 있다. 보라색과 흰 꽃에 홀려서 번식력을 간과한 내 무지의 소치이다.

예쁘장한 흰 꽃만 보고 옮겨 심었던 어성초는 뿌리가 굵어지고 온 마당을 차지해 잔디 사이 아무 데서나 통통한 잎을 내미는데 거의 불가항력이다. 내가 저지른 일이어서 누구를 탓하지도 못하고 봄마다 괴로워한다. 내가 어성초 뿌리를 파올 때 알려주지 않은 집 주인을 원망하고 싶다. 그 집 마당에서 백합도 옮겨왔는데 백합도 이렇게 뒷마당까지 구석구석 차지하고 필 줄은 몰랐다. 그래도 백합은 덩치가 있어 근방 눈에 띄고, 말 그대로 흰 백합꽃을 피우니 아직 후회하지는 않는다.

풀들은 해마다 다른 종류의 씨앗이 날아오기도 하고, 아예 터줏대감이 되어서 봄마다 같은 자리에 나오는 아이들도 있다. 남의 집 마당에 들어와서 죄책감 없이 싹을 내미는 풀들을 보면 내 마음의 아귀다툼을 마당에서 보는 것 같아서 헛웃음이 난다. 그냥 풀숲을 만들어 함께 살면 좋겠지만 풀숲이 우거지면 집 안으로 들어오는 모기와 벌레가 수도 없이 많아지고 그 곤충과 벌레들을 감당할 수가 없어진다. 사람이 사는 집에 풀숲을 이루게 할 수 없는 이유이다. 풀은 자기의 생명과 번식에만 집중하는 이기적인 성향이 강해서 내가 가꾸고 싶은 농작물과 꽃을 허락하지 않는다.

어쩔 수 없이 봄이 시작되면 소리 없는 아우성과 전쟁이 시작된다. 자신의 모습을 제대로 드러내고 뿌리가 일직선인 아이들은 쉽다. 번식을 쉽게 포기하지는 않지만, 손에 잡혀주고 뿌리의 끝까지 쑥 뽑혀주는 쾌감을 주기 때문에 싸우면서도 밉지 않다. 그를 발견하면 반가움에 일단은 기쁘게 손이 내밀어진다. '나 풀 맞아, 그래서 미안'이라고 하며 인정하는 애들 같다. 뭐랄까 눈에 쉽게 띄고 손에 잘 잡혀서 통제가 가능하다.

그러나 정말 작고 얇은 잎으로 미소 짓는 풀은 손에 잡히지 않는다. 줄기와 똑같이 뿌리조차 가늘고 길게 사방으로 뻗어 있어서 이미 진 싸움을 시작해야 한다.

약하게 미소 지으며 가녀린 모습으로 접근하는 교활함이

다. 잡히지 않는 가늘디가는 줄기와 뿌리로 요리조리 마당의 잔디 사이를 점령해가는 풀들이다. 억세고 거친 풀들은 자신의 모습을 그대로 보여주며 '나는, 풀!'을 외치며 서 있고, 뿌리도 단순해서 쉽게 뽑히며 자신의 처지를 받아들인다.

그러나 동그랗고 얇은 잎의 풀에게 자기 이해나 받아들임은 없다. 그는 자신의 생명력을 절대 드러내지 않으며 수줍은 듯이 숨어있다. 그저 요리조리 틈을 찾아 살아가는 것이 당연하여 풀이라는 자신의 정체성을 부인한다. 그저 자기는 약하고 가련한 생명이라며 애소하는 눈빛과 미소를 흘리며 무해한 얼굴을 하고 있다. 아마도 가느다란 줄기가 차지한 땅은 너무 작고 자신의 무게 또한 너무도 가벼워서 자신을 공기라고 생각하는 것 같기도 하다. 자신은 풀이 아니다.

자신이 유해한 풀일 리가 없고 미움을 받을 이유도 없다고 하는 듯하다. 자신은 얼마나 연약한가, 얇은 잎은 손톱을 길러본 적도 없다고 말하는 듯하다. 어느 날 작은 뿌리가 생겼고 틈을 찾다 보니 자신의 뿌리가 그물처럼 엉켜서 조금은 불편한 것이 더 기분 나쁠 뿐이다. 자신을 가로막는 거친 뿌리에 항의하며 피해의식이 생겨있는 풀이다.

이곳이 어디인지 자신이 살아도 되는 마당인지 넓게 보는 시선이란 없다. 가느다랗고 약한 자신의 뿌리가 방향을 돌려야 할 때 자신에게 허락되지 않은 땅과 다른 뿌리를 원망한다. 자신이 얼마나 가엾은지 기회가 있다면 울며 애소할 작정을 하며 살고 있다. 그는 의식해서 누구를 괴롭히려 한 적이 없다.

누구를 못살게 굴기에는 자기가 너무 힘이 없고 갖은 게 없어서이다. 나에게 이 풀과의 싸움은 백전백패이기 쉽다. 그러나 비록 이 마당에서 벌어진 싸움에서는 이기지만 그는 그래봐야 자신이 소녀 같은 얼굴을 한, 풀이라는 걸 잊을 수가 있을까? 다른 풀과 잔디밭 그늘에서 작고 가늘게 살아가고 있는 한은 아마도 모를 수 있겠다.

호미가 끈질기게 파고들어 뿌리가 상할 때 숨을 막는 제초제가 뿌려질 때 그때는 그래도 괴로워하며 자신이 풀이란 것을 알까. 그때 자신의 비겁한 얼굴을 알았다 한들 너무 늦을까. 나는 이렇게 비겁하게 남의 마당을 차지한 아이들이 싫은데 늘 이런 이야기는 길게 쓸 수 있고 그 생태를 속속들이 아는 것을 보면 이렇게 가늘게 피해 가며 사는 것이 여전히 숨겨진 내 모습이다.

다른 풀들은 비 온 뒤 무른 땅에서는 너무 쉽게 뽑혀 당황스러울 정도인데 이 작은 애들은 여전히 이파리만 뜯긴다. 촉촉해진 땅도 아무 소용없이 뿌리들이 옆으로 뻗어서 낮은 포복을 하기 시작한다.

중요한 것은 내버려 두면 결국은 키가 자라서 자신이 드러난다. 그때 그의 뿌리는 포복을 풀고 서 있어서 쉽게 뽑혀 나온다. 자라면서 뿌리의 힘이 줄기로 몰린 것 같다. 그러니까 안심하고 자신의 정체를 드러낼 만큼 자랄 때까지 기다리는 시간이 필요한 셈이다. 적당한 때를 기다리는 건 다른 풀들도 마찬가지다. 자라서 얼굴이 구분될 만큼일 때 쉽게 뽑힌다.

정체가 드러났는데도 그 시기를 놓치면 뿌리와 줄기는 점령군처럼 기세가 등등해지고 만다. 부끄러움은 없고 마당에 지분이 있는 것처럼 행동한다. 그냥 뻔뻔하다.

물 뿌리기

• • •

키를 넘는 물에서 우리 식구 넷이서 물놀이를 하며 놀다가 어딘
가로 갈 데가 있어서 물속에서 나온다. (2023년 6월 1일)

물은 예로부터 무의식과 감정을 의미하는 뜻으로 쓰였다.
생명의 물은 세례와 치유의 목욕을 의미하기도 할 것이다.
물놀이를 안전하게 한다는 것은 감정에서 자유롭고 절제할
수 있다는 의미로 보이고, 목표를 향해 길을 잘 떠날 수 있도록
과거를 씻어내는 축복 의식 같기도 했다.

마당에 화초들과 텃밭에서 자라는 방울토마토를 위해서

호스를 돌돌 말아놓고 쓸 수 있는 물뿌리개를 남편이 주문해 줬다. 물주는 세기도 조절하고 네 가지로 물 분사하는 모양과 세기를 선택할 수 있어서 신이 난 나는 아침에 벌떡 일어나서 온 마당에 마구 물을 뿌리며 다니고 있다. 물을 뿌리고 다니면서 보니 정원석에 이끼가 끼어있는 것도 발견했다. 비가 오면 이끼도 빗물에 깨끗하게 씻기는 줄 알았는데 그건 아니라는 걸 알았다. 이끼에 조준해서 세게 쏘아줘야 이끼가 떨어진다. 다 떨어지는 것도 아니다.

내 사주에 부족하다고 했던 물을 이제 드디어 그득그득 부어주는 느낌이다. 본성인 쇠가 불에 녹고 있는 사주여서 물이 많은 사람을 골라서 사귀라고 해서 찾아다녔는데 커다란 물뿌리개가 생겨서 찾아다닐 필요가 없어졌다. 내가 나한테 물을 넘치게 부어줄 수 있게 되었다. 나에게 물을 나눠주기를 구걸하며 사람들을 찾아다녔는데, 해결되었다.

며칠 전 들었던 〈FLOWER〉라는 제목의 노래를 듣고 가사가 맘에 들었는데 나도 나한테 물을 가득 부어줄 수 있게 되었다.

나 혼자서도 날 위해 꽃을 살 수 있어

모래 위에 내 이름을 쓸 수도 있고

네가 이해하지 못했던 이야기를 하며

나 혼자서도 춤출 수 있고

나 자신의 손을 잡아줄 수 있어

그래, 네가 하던 것보다 내가 날 더 사랑할 수 있어

꽃도 내가 심어서 피우면 될 일이었다. 그 꽃들 하나하나에게 자기애를 한껏 발휘하여 내 이름을 붙여 불러 줄 작정이다.

상담소에 기한이 다 된 정수기를 치우고, 생수를 사다 먹기로 결정했다. 정수기 모델을 바꿔가며 20년간 정수기를 사용했는데 상담소에 날마다 나가는 게 아니어서 치우기로 했다.

생수를 고르느라 검색했더니 최근에 남편이 새로 주문했던 물이 부적합 판정을 받은 물이라고 뜬다. 왜 샀냐고 했더니 물이 다 똑같으니까 싼 거로 했다는 대답이 돌아온다. "아니야, 아니라고. 좋은 물이 따로 있어~" 소리를 질렀다. 소리를 지르는 것이 바로 사주에 있는 불의 영향이다.

그리고 보니 5년 전에 심취했던 노래가 〈내가 죽으려고 생각한 것은〉이란 제목으로 나카시마 미카의 노래였다.

　　오늘은 마치 어제 같아
　　내일을 바꾸려면 오늘을 바꿔야 해
　　그런 건 나도 알고 있어
　　알고 있다고 그래도…

　　내가 죽으려고 생각한 것은
　　마음이 텅 비어 버려서야
　　채워지지 않는다며 울고 있는 것은
　　분명 채워지고 싶다고 바라기 때문이니까

　죽고 싶었던 마음과 살고 싶은 삶의 간격 사이에서 내가 힘들 때가 있음을 알아줘야 하는 과제가 있다. 지금 기분이 어떤지를 모르고 억압하거나 피하다 보면 나의 마음은 서서히 죽어가는 것이다. 그래서 자신이 죽은 걸 모르는 귀신처럼 세상을 떠돌 것이다. 이제 스스로 나에게 좋은 물을 마시게 하고 날마다 물을 막 뿌려줘서 절대로 죽고 싶어 하지도 않을 작정이다.

『민담의 심층』*에는 태양에 노출된 지렁이가 자신의 눈물을 타고 굴러떨어져 강으로 떠내려가다 예쁜 색깔의 산에 도착하고 물고기가 되는, 환자가 쓴 동화가 나온다. 눈물과 비에 떠내려가는 것은 무의식 세계로 돌아가 의식과의 관계를 바람직하게 정립하게 된 이야기라고 저자는 설명한다. 후에 그 글을 쓴 환자는 자신의 동화처럼 회복되었고, 동화는 무의식의 여정을 미리 보여준 것이었다고 설명한다.

　비 온 뒤, 마당에 디딤돌로 올라와 있던 지렁이가 흙으로 가지 못한 채 말라서 죽어있는 걸 발견했다. 오가며 보이는데도 징그러워서 집어내지 못하고 있다. 발이 달린 지네는 위험하게 보여서 결사적으로 잡는데 죽은 지렁이는 또 손을 못 대겠다. 우리 마당 지렁이도 동화처럼 눈물을 흘렸으면 떠내려가다 예쁜 산에 도착했을 것인데 상상력이 없었던 모양이다.

---

* 가와이 하야오/고향옥 옮김, 『민담의 심층』 (문학과지성사, 2018).

Part 2

여름

네가 무엇에든 상처받을 수 있다면 그것은 숨겨진 너의 염원을 나타내는 그림을 보는 것이다. 그뿐이다. 네가 겪는 모든 고통 속에서 너는 죽이고 싶다는 너 자신의 숨겨진 욕망을 본다.

_ 기적수업

라벤더 꽃밭

•••

봄에 샀던 화초들을 화분에서 마당 한 편에 옮겨 심었다.
잘 내린 뿌리가 겨울을 견디고 내년 봄에 다시 꽃을 피우리라
는 기대를 하면서 심은 것이다. 나무 그늘에 심은 수국은
이파리가 시들어서 햇볕 드는 자리로 옮겨야지 하다 한 달이
지나갔다.

다음 날 새벽부터 부산에서 인천공항 가는 비행기로 시작
하여 남프랑스 여행으로 집을 비우게 되어, 맘에 걸리는 수국
을 아침부터 옮겨 심었다. 흙을 발로 꾹꾹 눌러주고 물을
주니 안심이 된다. 내일 해야지 미루다가 한 달이 지났는데

길지 않은 십 일간이지만 집을 비울 거라 생각하니 그동안에 수국이 죽거나 더 엉망이 될까봐 걱정이 되어 옮겼다.

냉장고 서랍도 여기저기 얼룩진 걸 보면서 청소를 미루고 있었는데 아주 빠르게 해치웠다. 그리고는 남편을 위해서 녹두나물, 가지나물, 감자볶음, 부추나물, 멸치볶음, 콩조림까지 해서 냉장고에 넣었다.

평소에 하기 싫어서 미루던 일들을 단번에 해치우기 위해서라도 한 번씩 집에서 떠나야 할 필요가 있는 것 같다.

남프랑스 여행은 3년 전 계획했다가 코로나 사태로 취소했다. 고흐와 세잔과 샤갈이 살던 곳이라는 사실만으로 충분히 매력적인 곳인데 사진으로 본 보랏빛 라벤더꽃 들판은 더 특별하게 유혹적이었다. 그러나 라벤더가 피는 시기에는 복잡해서 가기 어렵다는 소문과 실제로 꽃이 피는 계절을 피해서 가는 패키지여행만 있었다.

이번에도 6월에만 떠나는 세 개의 날짜가 있었는데 라벤더를 볼 수 있을지도 모른다는 마음으로 마지막 날짜인 16일을 선택했다. 7월 초에 만개한다고 들었기에 기대하지 않으면서도 은근 기대를 저버릴 수 없었다.

마르세유에 도착했을 때는 저녁 9시였는데 백야여서 아

직 환했다. 하늘가에 아직 노을의 흔적이 남아있었다. 도시 한가운데 언덕에 세워진 성모의 성당이 보이는 곳에서 잠들고, 예수상 대신 세워진 성당 꼭대기의 성모상을 보며 혼자 아침을 먹었다. 오래된 항구도시여서 배를 타고 떠나는 남정네들을 위해 기도하던 성당이었고, 지금도 성모님의 은총이 넘치는 곳이라고 했다. 나도 이틀째 아침에는 성모마리아가 직선으로 보이게 표시해놓은 곳에서 손을 모으고 기도를 했다. 〈성모마리아의 아이〉라는 민담에서 자신의 아이가 세 명이나 죽는 벌을 받아도 성모님께 죄를 고백하지 않고 버티던 고집스러운 어미의 두려움을 생각했다.

라벤더가 핀 남프랑스의 보라색 들판 사진이 무작정 유혹적이더니 가이드가 라벤더의 보랏빛을 '남불南佛의 영혼'이라고 부른다는 말을 해줬다. 남프랑스라는 말보다 남불이라는 말이 뭔가 낭만적인 느낌을 줘서 좋고, 까닭도 없이 끌리던 그 보랏빛이 영혼의 상징으로 불린다니 아릿한 심정이었다. 아주 만개하진 않았지만, 다행히 거의 핀 라벤더 꽃밭을 볼 수 있었다. 같은 날 떠났지만, 여행 코스가 달랐던 팀들은 푸른 밭만 보았다는 소문도 들었다.

고흐가 살았던 아를에는 외벽이 온통 노란색인 반 고흐

카페가 있었다. 기념사진도 찍고 에스프레소를 한잔 마시는 것이 천재 화가를 추억하는 하나의 방법이었다. 고흐, 세잔, 샤갈이 사랑하고 그렸던 프로방스의 빛나는 풍경은 정말 아름다웠다.

고흐가 입원해 있던 수도원 뒷마당에도 라벤더가 가득 피어있었다. 수도원을 탈출한 고흐를 찾으면 몰래 나와서 그림을 그리고 있었다고 한다. 곧게 뻗은 사이프러스나무와 올리브나무와 포도밭이 펼쳐진 초록 풍경을 보며 그림을 그리게 해달라고 애소하는 그의 목소리가 들리는 것 같았다. 자연이 주는 강렬함과 아름다움을 그리지 않고는 견딜 수 없었던 그의 삶은 짧았으나 형을 사랑했던 동생 테오의 지극함이 결국 고흐를 영원하게 만들었다. 고흐가 죽고 6개월 후에 테오도 죽었다니 그들의 영혼은 하나였을까. 고흐의 만류에도 테오는 아들에게 형의 이름을 물려주었고, 고흐는 축하의 선물로 하늘색 배경의 아몬드나무꽃 그림을 그려주었다고 했다. 나도 덩달아 나를 축하하고 싶은 심정이 되어서 푸른 하늘을 배경으로 분홍 꽃이 핀 아몬드나무 그림 사진을 샀다.

샤갈이 생전에 꾸몄다는 니스의 샤갈 미술관은 정답고 아늑했다. 창문의 스테인드글라스가 보여주는 푸른빛 창문

들은 신비로웠고 종교화로 알려진 작품들은 친근하고 사랑스러웠다. 둥근 원을 위아래로 나눠서 아래쪽은 과거에 첫사랑과 살던 고향 풍경을 거꾸로 그리고, 위쪽으로는 현재 살고 있는 풍경을 그린 그림은 의식과 내면의 세계를 표현한 것처럼 보였다. 삶의 뿌리와 무성한 가지들이라고 이해해도 될 법했다. 아마도 아브라함과 사라에게 천사가 나타나서 늦은 나이에 잉태할 것이라고 알려주는 이야기의 배경 같았다. 중의적으로 예수의 탄생을 성모님께 알리는 천사의 모습이기도 하다는 설명을 들은 것 같다.

고흐라는 천재의 가난함과 고독함에도 감동하지만 나는 샤갈의 그림이 익숙해서 더 좋은 것 같다. 상징과 이야기가 가득한 그림이어서일까, 아이들 키울 때 50호가 넘는 샤갈의 작품 사진을 식탁 옆에 걸어 두었던 기억이 난다. 그림 제목이 연인이었던가.

여행을 떠나오며 집 마당에 초록색으로 매달렸던 방울토마토가 곧 익을 것 같아서 남편에게 나 대신 쳐다봐 달라고 했더니 방울토마토 하나가 빨개졌다는 소식을 보내왔다. 돌아가면 둥근 열매들이 온통 빨개졌을라나 싶다. 봉숭아꽃도 우수수 피었을라나.

상한 열매

...

꺾여서 반만 겨우 붙어있는 매실나무 가지를 발견했다. 작은 매실이 주렁주렁 달린 가지였다. 열매가 시들겠지 했는데 며칠이 지나도 초록 열매가 초롱초롱 달려 있었다.

노란 종이테이프를 가져와서 꺾인 부분을 감다가 나일론 줄을 가져와서 다른 나뭇가지에 연결해서 묶었더니 일단 고정은 되었다. 열매는 무럭무럭 크지는 않았지만 시들지 않고 달려서 조금씩 크고 있었다. 묶어주는 것이 없을 때도 잘 매달려 있었으니 더 나아져서 잘 클 것이라 믿어보았다

나뭇가지를 묶어준 날 몇 년 동안 못 만난 친구 둘이 내가

하는 수업을 들으러 찾아온 꿈을 꾸었다.

두 사람은 내 잘못으로 사이가 멀어진 사람들이었다. 처음에는 오해받는 것 같아서 붙잡고서 하고 싶은 이야기들이 많았지만, 그들로서는 그럴만한 이유가 당연히 있겠다 싶고 설득할 수 없는 상황 같아서 단념했다.

꺾인 나뭇가지와 매달린 열매들을 나름의 방법으로 연결했는데 만나지 못하던 친구들을 만나는 꿈을 꾼 것이다.

한 친구는 해맑은 표정이었고, 한 친구는 수업 내용을 묻고 있었다. 그리고 이틀 후에 또 한 명의 연락이 끊긴 친구가 꿈에 나타났다. 명확한 사건이 있다면 사과라도 하겠지만 특별한 사건이 있었던 것이 아니고 내 인성의 부족함인 것 같아서 포기한 관계였다. 그들에게 좋은 사람으로 보이고 싶었으나 본색이 드러났을 것이니 할 말은 없다.

어떤 친구들은 혼자여도 편안한 그 마음이 이해되어서 물러나기도 했다. 또 다른 친구에게는 내가 도움 되는 사람이라는 허세를 내려놓지 못함을 깨닫기도 했다. 감각적인 위로에 기대느라 두 사람 다 성장할 기회를 놓친다는 생각이 들었다. 서로의 자립을 방해하는 사이였으니 미안한 일이었다. 내가 별로 중요한 사람이 아니라는 메시지를 계속 주는 친구도 있었다. 그의 불안을 알지만 나 말고 또 다른 사람을 늘 옆에 두고 있는 모습에 점점 기대가 없어졌다. 나와 사이가 안 좋은 사람들과 잘 지내며 은근히 나를 부끄럽게 만드는 친구도 있었다. 그 모습들은 결국 해결하지 못한 나의 에고적 투사일 것이다. 그때 우리는 반쯤 꺾인 가지처럼 붙어있었고, 이제는 각자의 여정을 가고 있다고 믿는다.

　나무가 해걸이를 했는지 너무 많이 달렸던 매실들은 시간이 지나면서 하나씩 떨어지기 시작했다. 떨어져서 다치고 병이 생겨 거뭇해진 열매들이 아까워서 항아리에 설탕을 부어서 담았다. 상처 난 매실은 담는 게 아니라고 했지만 깨끗이 씻어 십자로 상처를 내어 담그라는 내용도 있어서 원래 상처가 난 거와 일부러 상처를 내는 게 같은 상황 아닌가 하며 항아리에 담았다. 매실의 씨에 청산가리 성분이 흘러나오면 안 된다고 했는데 나는 살짝 흘러나온 청산가리를 먹는 것이 약이 된다는 생각도 했다. 커다래진 열매가 툭툭 떨어지는 소리까지 내며 마당에 뒹굴고 돌에 부딪혀 깨지는 것이 안타까웠다. 병들고 상처 난 열매들이 아까워서 큰 항아리에 가득 담아놓는 일을 저지른 것이다.

　매실이 노랗게 익기를 기다렸는데 익기도 전에 떨어져

버리는 것은 생각을 못 했다. 잘 크는 것 같아서 내가 열매를 맺은 것처럼 으쓱했는데 끝날 때까지 끝난 게 아니었던 것이다. 열매에 병도 생긴 듯 거뭇해지며 떨어져서 썩어가는 열매를 주워서 버리다가 고양이가 풀 사이에 싸놓은 똥도 치웠다. 똥 주위로 파리가 오순도순 모여든 걸 보며 짜증이 나다가 '그래 고양이를 키워주지는 못해도 똥이라도 치워줄 게 맘대로 싸라'라고 생각을 바꿨다. 그리고 두어 달이 지났을 때 결국 항아리에 가득 담긴 상한 매실들은 부글부글 끓어올라서 버려야 하는 상황이 되었다. 미련 없이 처음부터 버렸으면 될 것을 올리고당에 설탕까지 잔뜩 넣어서 다디단 국물이 가득하니 버릴 일이 까마득해져서 계속 놔두고 있다. 열매에 대한 미련한 집착이었다.

열매들은 떨어지기도 하는 것인데 쳐다보며 상처받은 것은 나였다. 상처가 된 관계의 끝을 모른 척하며 주워 모은 것들은 설탕 속에 잠겨서 오도 가도 못하고 있다. 달콤한 척 속이려 하지만 이미 불가능하다. 설탕 항아리가 아니라 쓰레기 봉지에 버려야 할 떨어진 것들이었다. 꺾인 가지도 나일론 줄로 묶을 것이 아니라 미련 없이 정리해줘야 했다.

자신을 스스로 돌보면서도 관계에 대한 갈망을 기꺼이

인정할 때, 관계에서 갈등이 없다고 한다. 드라마를 보다가 "그동안 좋은 시간이었어. 너를 기억할게" 하는 주인공의 대사를 들으며 여전히 놀랍긴 했다. 떨어져서 상한 열매를 집어 들어 설탕에 재운 것은 쓸데없는 분투였다. 열매들이 상해서 떨어져 버린 것을 인정하고 받아들이지 못했다. 잘 크고 병들지 않은 몇 개의 열매도 있었는데 상한 열매들과 함께 섞여서 사라져버렸다.

길을 놓치는 중

• • •

어두운 길이다. 양손에 책을 들고 가다 무거워서 길가에 버린다. 왼쪽으로 가니 큰 길이 나타나 택시를 타려는데 지갑과 휴대폰까지 버렸다는 걸 알고 찾으러 길을 돌아간다. 초등학교 3~4학년으로 보이는 남자아이들을 만나서 지갑과 휴대폰을 돌려받는다. (2023년 5월 10일)

비행기를 타러 가느라 다른 사람들과 승합차를 타고 가다가 나 혼자 잘못 내렸다. 공항까지 가야 하는데 가까운 곳이지만 한적한 마을이어서 택시도 없고 어떻게 차를 부르는지도 몰라서 남자들에게 묻는다. 한 남자가 차를 불러서 오기로 해서 길에서 기다린다. 사람을 태운 차가 지나가는데 그 남자가 운전하고 있다. 돌려서 올 건가 보다 하며 쳐다본다. (2023년 7월 20일)

실제로 새벽 세 시에 나설 일이 있어서 남편과 함께 네비게이션에 의지해서 가던 낯선 길에서 진입로가 차단되어 있는 상황을 맞닥뜨렸다. 다니는 차도 없고 불빛도 없는 새벽에 아무 생각도 나지 않았다. 악몽보다 더 진짜 악몽을 꾸는 것 같았다. 제일 빠른 길을 찾아서 낯선 길을 가는 중이었다. 겨우 정신을 차려서 왔던 길을 되짚어가면서 시간이 걸리는 건 당연하고, 길을 찾을 수나 있을지 두려움이 몰려왔다.

요즘 집으로 돌아가는 익숙한 곳을 다니면서도 자꾸만 어느 길이 더 가까울까 궁리하다가 결정을 못 한 채 갈림길을 만나곤 하는 중이었다. 당황해서 아무 길이나 들어서서 더 멀어지고, 가다가 꺾어가야 할 길을 지나쳐버리고 하는 중이었다. 그냥 생각 없이 가도 5분 차이인데 쓸데없이 머리를 굴리다가 길을 놓치고 더 멀리 돌아가는 것이다.

꿈에서 책을 버리는 것은 지금까지는 지식과 지혜를 알려주는 책이 필요했지만 이제까지 와는 다른 이야기가 필요하다고 하는 듯하다. 왔던 길을 돌아가면 정체성과 에너지를 뜻하는 지갑과 휴대폰을 돌려주러 오는 활기찬 아이들과 마주친다.

남자아이들은 무한한 가능성을 지닌 자기의 상징으로 나타났다. 가장 개구쟁이 노릇을 하는 나이이고, 거침없이 즐거워하는 시절이다. 내가 택시를 타고 빨리 가려 하는 건 잘못되었다는 걸 알려주는 꿈이어서 천천히 가기 위해 오던 길을 돌아가고 있다. 아이의 자연스러움이 손상되지 않고 사랑스럽게 자라기 위해서는 자양분이 충분하게 제공되어야 한다. 내면의 아이를 잘 보살피고 있는지 점검이 필요할 수도 있다.

초등학교 3학년 때 시계의 큰 바늘과 작은 바늘을 구분 못해서 시간을 잘 모르던 때였다. 몇 시냐고 묻는 아버지한테 잘못 알려줘서 욕을 먹은 뒤로 오죽하면 그 시간까지 기억한다. 벽에 걸린 둥근 시계를 엄청 쳐다보며 고민하다가 7시 40분이라고 해야 하는 데 8시 35분이라고 한 것이다. 튀어나갔던 아버지는 다시 돌아와서 야단야단을 쳤다. 그 성질 급한 아버지를 내가 닮은 것도 확실한 것 같다. 잘했다는 말을 들은 적이 없으니 자존감 낮은 마음은 예민해지기만 했다. 그래서 상처받지 않은 척 억압하는 습관이 생겨서 나이 먹어 마음공부할 때 감정과 욕구 찾기가 무지하게 어려웠다.

그렇게 엄마가 된 나는 자식들이 잘하는 건 당연해서 속으로만 뿌듯했고, 잘못할 때 야단만 쳤다. 반영이나 공감은 아예 알지를 못했다. 아니 머리로 알고 있어서 행동하는 줄 알았다.

그래서 아들이 손녀를 예뻐하며 행복하게 웃는 것이 너무나 고맙다. 아들이 웃고 행복해하는 대상이 있어서 너무 감사하다. 내가 아들의 기쁨을 몽땅 없애버린 엄마 같아서 미안하기 때문이다. 재능이 그리 많아서 못 하는 것이 없던 딸도 기뻐하지 않은 엄마로 인해서 기쁠 일을 전부 없애버린 것 같다.

공항은 일상에서 낯선 곳으로 출발하는 장소이며, 새로운 모험과 경험을 하도록 돕는 출발지이다. 공항에 도착하기 전에 차에서 내려버려 당황하고 있다는 것은 떠나기 전에 나의 목적과 정신을 충분히 탐구할 것을 충고하는 것이겠다. 지금 놓치고 있는 것이 틀림없이 있다.

타야 할 차를 다른 사람이 운전한다는 것도 내 삶의 어떤 측면을 통제하지 못한다는 것을 의미하는 꿈으로 볼 수 있다. 실제에서도 자꾸만 길을 돌아가듯 꿈에서도 길을 돌아서 올 거라고 한다. 이제까지 내 삶을 이끌어 온 무의식적 정신기제를 살펴봐야 할 때라고 말하는 듯하다.

가와이 하야오는 『민담의 심층』에서 '때'를 훌륭하게 설명해준다. '뤼티'는 〈두 형제〉 민담에서 동생이 위기에 처했을 때 형이 때맞춰 나타나는 점을 지적하면서, "이야기에서는 늘 주인공이 정확히 때를 맞춰 등장한다"며 감탄한다.

그러면서 우리 인생에도 이 같은 '때'가 있다고 설명한다. 시계로 재촉할 수 있는 시간으로서의 크로노스kronos와 시곗바늘과 관계없이 마음속에서 성취되는 때로서의 카이로스kairos를 구분할 줄 알아야 한다고 말한다. 시계에 구애받는 사람은 중대한 카이로스를 잃는다고 말한다.

나는 그 카이로스의 때를 믿겠다. 주인공이 정확히 때를 맞춰 등장할 것을 믿는다. 나는 그 카이로스의 때가 작용하는 세상을 상상하겠다.

새와 고양이

●●●

저녁에 갑자기 현관 앞 은목서나무에서 새가 꽥꽥거리며 심하게 짖는 소리를 냈다. '무슨 새가 지저귀는 게 아니고 저런 소리를 내지?' 하며 큰 새는 원래 저런 소리를 내든가 갸우뚱하고 있었다. 그런데 소리가 멈추지를 않아 '뭔 일이래?' 하며 나무 있는 데로 나가보았다. 나무 밑에는 고양이가 웅크린 채 나를 쳐다보았고, 나뭇가지에 앉은 새는 고양이를 향해서 소리를 내고 있는 것 같았다. 나를 보고도 움직이지 않고 맞서던 고양이가 조금 가다가 가까운 소나무 밑에 멈추었는데, 새는 고양이를 보며 소나무 가지로 옮겨가서까지 같은 소리로 짖어댔다. 결국 고양이는 주차장 쪽으로 훌쩍 뛰어 사라졌고 새도 조용해져서 집으로 들어왔다. 이상하다 싶긴 했지만 잊어버렸다.

그런데 며칠이 지난 일요일 뒷마당에 늘어진 나뭇가지가 그늘도 많이 만들고 공기 흐름까지 막는 것 같아서 가지치기를 하다가 문득 은목서를 올려다보았더니 큼지막한 새집이 보였다. 그날은 밤이어서 보지 못한 새집이었다. 새가 지저귀는 게 아니라 악을 쓰듯 짖어낸 이유를 알 수 있었다. '고양이가 새알이나 새끼를 해치려 했구나.' 그러나 이미 너무 잘 보이는 곳에 마련한 새집은 고양이한테 해를 당했나 싶었다. 지저귀는 아기 새도 없이 새집이 조용했기 때문이다.

바로 집 앞에 '사람이 오가고 빤히 보이는 곳에도 새집을 짓는구나!' 알게 되었고, 빨리 알아채지 못해서 새에게 미안했다. 그러나 내가 도와줄 방법이 있었을까? 도울 방법은 없었을 것 같다. 고양이도 길고양이어서 내가 통제할 수 없고, 나무에 붙여 지어진 새집을 내가 어디로 옮겨줄 수도 없기 때문이다. 고양이도 새도 태어나고 죽는 자연에 속한 일이다. 개입할 수 없는 일이라며 마음을 다독거렸다.

낮에는 마당에 마른 풀들을 치우다 보니 바위틈 철쭉나무의 뿌리 부근에 낙엽이 쌓여 썩은 것들이 쓰레기처럼 쌓여있는 것도 보였다. 호미로 긁어내면서 뱀이나 왕벌이 나올까 무섭다. 시든 잎들이 떨어져서 잘 썩어서 거름이 되어주기를 바랐지만, 생각처럼 거름이 되려면 시간이 많이 필요한 모양이다.

낙엽들은 그냥 쓰레기로 바위틈마다 그득하게 넘치고 있다. 금목서나무 밑에 낙엽을 치우다가 바위틈에 개미들이 바글바글 면장갑 위로 엉겨 붙은 것들을 어쩌지 못해 약을 가져다 뿌렸다. 바위틈에 개미 왕국을 건설한 게 죄도 아닌데 보기만 해도 간지러운 것 같아서 약을 뿌려버렸다. 선택적으로 안타까워하고 또 죽이기도 하는 자연 친화를 하며 살고 있다.

그리고 며칠이 지나서 개미의 복수가 시작되었는지 현관 마루에서 개미들이 발견되었다. 어쩐지 며칠 전부터 갑자기 몸이 가려워서 날씨가 너무 더워서 그런가 했는데 범인은 개미였다. 해충방제를 해주는 업체를 불러서 거금 24만 원에 두 번 구제하는 예약을 했다. 무척 비쌌지만, 개미랑 살 수는 없는 일이었다. 아마도 마루 밑에 개미집이 있을 것이어서 약 묻은 먹이를 놔두면 일개미가 개미집으로 물어가서, 여왕

개미가 먹고 죽으면 몰살이라고 하였다. 괜히 마당에 개미집을 건드리고 약을 뿌려서 망했다.

그러나 그 상황은 또 마당에서 집으로 들어오는 여러 종류의 벌레들을 막기 위해서는 전문적인 도움을 받아야 한다는 발상 전환이기도 했다. 벌레들과 내가 싸워서 될 일이 아니고 다른 전문가가 필요하다는 걸 인정하기로 했다.

한 달 후에 방역업체가 구석구석 깔아놓은 방제 효과로 지네와 바퀴벌레와 다른 벌레들이 죽어있는 걸 보며 내 힘은 역부족이라는 걸 더욱 깨닫게 되었다. 결국 3개월에 한 번씩 방제 작업을 받기로 계약했다. 내 힘으로 할 수 없다는 것을 아는 것은 은총의 시작일 것이다.

아픈 개

...

뭔가 바쁘게 오가는 중인데 꼭 들려야 한다고 해서 어떤 방으로
들어가서 이불을 덮고 옆으로 누운 커다란 황색의 개를 만난다.
나를 알아본 개가 누운 채 앞다리 하나를 힘없이 내민다. 아파서
누운 개를 보며 나도 마음이 아프다. (2023년 7월 5일)

꿈속에 누워있는 큰 개처럼 나도 에너지가 소진해서 누워
있는 느낌이다. 쉬다가 회복되어서 일어나기를 나에게 바라
고 있다. 그나마 튀어 나가다가 돌아와서 아픈 개를 바라보고
손을 잡아서 다행스럽다.

인정하고 싶지 않지만 나는 지금 지치고 아프다. 그러나 쓰러져 몸져누운 나를 만나줘서 다행이다. 나는 요즘 온통 에너지를 뺏기며 고갈되고 있다고 느낀다. 무의식의 지하실에 가두어둔 채 정죄해 온 나의 죄책감이나 실패감의 진짜 정체는 무엇인가, 숙제를 주는 꿈이다. 어쩌면 의식 차원에서 표현하기 어려웠던 본능과 정신의 부분이 균형을 잃고 위협을 받고 있다는 중요한 메시지라고 해석한다.

이집트에서는 죽은 영혼을 천상으로 인도하는 검은 개를 아누비스라고 불렸다. 그래서 무덤 입구 벽화에는 검은 개의 형상이 새겨져 있는 것을 볼 수 있다. 그리스의 신화에 나오는 의술을 베푸는 의신 아스클레피오스의 지팡이 끝에도 개의 형상이 조각되어 있었다고 한다.

여행을 떠나기 이틀 전인 6월 14일부터 여행에서 돌아온 24일을 지나 7월 14일까지 딱 한 달 동안에 뭔가 시작되었다. 빠뜨린 여행 준비물 때문에 마음이 바빠서 설거지를 두고 나가려다 다시 치우고 나가야겠다 싶었다. 외출복에다 앞치마를 걸치고 물을 트는 순간, 작은 지네가 개수대에 있는 걸 발견하고 급해서 부엌칼을 들고 죽였다. 칼질을 세 번 해서 네 토막을 냈다.

어머니가 진주에 온 지도 일 년이 되어가는 데 할 말이 있다고 해서 마주 앉은 참이었다. 마침 여행을 가면 오래 보지도 못할 거고 엄마 하소연을 좀 들어 주자 싶었는데 엄마가 갑자기 느긋해져 있는 나를 저격했다.

"아버지가 진주 와서 더 안 좋아졌어!"

어머니의 특기인 줄 알면서도 나는 번번이 걸려들고 나뒹굴어진다. 집안의 지네를 볼 때마다 잡아 죽였는데도 내 마음 속에 지네는 아직도 죽지 않고 살아있어서 부딪힐 때마다 비명이 나오고 징그럽다.

어머니의 시선과 연결되어 세상의 시선 앞에서 나는 나쁜 년이다. 빠져나오려고 애를 써도 이 상황은 백전백패이다. 나도 지네로 살았던 생이 있을지도 모른다. 다행히 한약방 문 앞에 대롱대롱 걸렸을지도 모르고 어딘지도 모르고 기어 나오다가 칼질을 당했을지도 모른다. 어머니도 매정하지만 마주하고 있는 나 자신도 너무 징그럽다.

저 말을 동생들이랑 이모한테도 했겠구나 싶으니까 자존

심이 상하고 억울하다는 생각에 할 말을 잃게 된다.

"나는 열심히 하고 있는데 그리 말하면 안 되지. 엄마가 갈 데가 있는데 진주에 온 게 아니고 갈 데가 없어서 온 거야. 살던 서울에서도 전세금을 올려 달라고 한 상황이었고, 진주로 이사 오고 다음에 들어온 사람은 전세 사기당했잖아. 전세금도 내 돈이 반 넘는데, 그냥 있었으면 전세금이 다 없어질 뻔했는데 무슨 소리야?"라고 했다.

"아버지는 진주 와서 따뜻한 밥도 먹을 수 있고 더 좋다고 그랬어"라며 덧붙였더니 어머니가 바로 받았다.

"너한테는 그렇게 말하겠지."

눈빛이 흔들렸을 나를 포획하기 위해 갑자기 한 수를 더 쓰려고 한 것 같았다.

"너 학교 다닐 때 정신과 병원에 데리고 간 사람 내가 아니고 니 아버지였어. 학교에 찾아갔더니 니가 혼자 앉아있어서 아버지가 니 손을 잡고 병원에 갔다더라."

나는 순순히 걸려들어 버렸다. 나는 집에서와 반대로 학교에서는 명랑 쾌활한 아이였다. 결코 혼자 앉아있는 아이가 아니었다. 바로 그것이 문제였겠지만 말이다. 그리고 아버지는 나를 위해 찾아온 적이 없고 찾아올 사람도 아니었다.

내가 대학을 다닐 때 어머니에게 덤빈다고 나를 병원에 가자해서 뇌파검사를 의뢰한 것은 어머니였다. 교수에게 말해서 학생 할인을 시킨 것까지 기억나는데, 지금 어머니가 치매일 수도 있겠지만 중요한 건 덮어놓은 과거의 상처에 내가 휩쓸려서 떠내려가기 시작했다는 거였다.

"무슨 헛소리에 그런 거짓말을 해? 그런 상상은 도대체 왜 한 거야? 엄마는 정말 악마고 마귀 같아. 지금까지도 그렇게 나를 이상하고 나쁜 사람으로 만들고 싶어? 정말 화가 나 죽겠어."

한순간 어머니의 눈이 반짝하는 게 보였다.

허리가 아파서 잘 눕지 못하고 잘 일어나지 못한다던 엄마가 내가 외면한 순간 마루에 벌러덩 누웠다.

"아이고, 아이고" 하는 엄마에게 손을 내밀어 일으켜서 침대에 가서 눕게 하고 입속에서만 뱅뱅 돌던 말을 하였다.

"엄마, 나는 엄마가 무슨 말을 해도 다 악담으로 들려. 건강해야지 하면 아파서 죽으라는 말로 들리고, 엄마가 하는 말이 다 저주로 들려. 내가 먼저 그렇게 생각하는 내 마음을 바꿔야겠어."

내가 가라앉은 음성으로 말하며 혼자 울컥하고 감동하여

고개를 든 순간 어머니가 어느새 침대에서 일어났는지 침대 옆에 서서 옷을 홀딱 벗고 있었다. 어머니는 자신이 얼마나 고생하고 아픈지를 실감 나게 보여주기 위해서 옷을 홀렁 걷어서 튀어나온 뼈마디들과 쭈그러지고 패인 늙은 몸을 보여주는 습관이 있었다. 그러나 홀딱 벗는 건 처음이었다. 나는 옷을 입으라고 말하면서 불쌍하고 불쌍한 어머니를 안았고, 어머니도 나를 안았다

다음날 어머니의 침대를 병원에서 쓰는 침대로 바꿔주고 뼈가 나온 등을 한번 쓸어주고 편해진 마음으로 여행을 떠나왔다.

그런데 생각하니 그날 어머니는 헌 침대를 버리며 목소리에 윤기가 돌고, 아버지는 기운 없이 앉아있던 게 느껴졌다. 산책을 가자 해도 고개도 안 들고 기분이 안 좋으냐는 질문에 고개를 끄덕였다. 내가 엄마한테 잘해주면 아버지가 기뻐할 줄 알았는데 아버지가 기분이 안 좋다고 하니 당황스러웠다.

'두 사람이 서로 나를 자기편으로 만들려고 하는구나.' '나를 온 힘을 다해 힘껏 붙잡고, 각자 삶의 무게를 나한테 얹어놓고 사는 게 목표구나.' '자신의 삶을 살아갈 생각도 없고 부부로서 힘을 합쳐 오순도순 살아갈 의지도 없이 그저

자식을 붙들고 자기만 봐달라고 하고 있구나.'

둘이 좋게 살 생각이 없다는 건 원래 알고 있었고, 그래도 자식이 잘하면 함께 기뻐할 줄 알았다.

혼자 떠난 여행이라 혼자 밥을 먹고, 혼자 잠을 자며, 조금 고요해져서 어머니의 오래된 패턴에 내가 말렸다는 것이 서서히 느껴졌다.

어머니는 아버지가 폭력을 쓸 때까지 약을 올린 후 다쳐서 119에 실려 병원 응급실에 가서 자식들을 불러 모으는 게 전략이었다. 아버지는 혼자서 자괴감을 느끼고 반성했겠지만, 어머니의 포만감이 사라지고 슬슬 배가 고파지면 같은 일이 반복되었다. 어머니의 극적이고 처절한 원망이 시작되고, 고통이 담긴 아버지의 의자가 날아가고, 살이 터지고 응급실에 실려 가고 부들부들 떨며 어머니는 간호사에게 자식의 전화번호를 불러주는 것이다. 가스라이팅인지 마녀의 주문에 걸린 건지 자식들은 70살에도 80살에도 멈추지 않는 부모의 지옥 속으로 끌려 들어갔다.

여행에서 돌아왔지만, 책에서 발견한 "너에게도 냄새나는 지하실이 있다"라는 문장이 나를 짓누르는 것 같아서 마음이 고단했다.

어머니에게 반발하며 휘저어지는 마음이 나의 지하실이라는 것이 어렴풋이 느껴져서 더욱 부모에게 가고 싶지 않아졌다. 나에게도 어머니와 같은 어두운 지옥이 있다는 건 인정하기가 어려웠다. 그러나 나도 어머니처럼 그저 순진하고 어리석은 피해자로 보이고 싶다.

여행에서 돌아온 지 2주일이 지나서 여독은 풀렸는데도 내키지 않아서 가만히 있어 보기로 했다.

유진과 지혜

...

눈이 먼 사람이 두리번거리는데 그윽하게 미소 짓는 반쪽 얼굴
이 들여다보고 있다. (2023년 6월 5일)

초록색과 주황색이 스스로 자신의 자리를 찾느라 움직이고 있
는 것 같다. 내가 두 가지 색을 어떻게 배치할까 궁리하는 것도
같다. (2023년 6월 12일)

남프랑스 여행 직전에 광주에 산다는 처자로부터 전화가
왔다. 미대를 다니는 과정에서 미술치료사 자격증을 취득했

고, 치료사가 되기 위한 임상 경험을 해보고 싶어서 연락한 거라고 했다. 내가 광주를 떠나 아기를 데리고 남편이 근무하는 강원도 군부대로 이사를 했던 시기와 같은 나이의 처녀였다. 두 시간 거리를 오가는 게 쉽지 않겠지 하며 여행에서 돌아오는 다음날 다시 전화 달라고 했다. 당연히 오지 않겠지 생각하여 잊고 있었는데 여행에서 돌아온 날 전화가 왔고, 다음 날 진주에 온 그녀를 만났다.

유진은 담담해 보였고 두려움 없는 태도를 하고 있었다. 수업 일정을 짜면서 친구가 한 명 같이 해도 좋겠다는 말을 했는데, 다음 주에 인천에 사는 친구를 데리고 왔다. 미대를 같이 다녔고 3년 전에 많이 힘들어했던 친구라고 했다.

처음 만났을 때 내가 쓴 『푸른 문』과 『연민 수업』을 읽어보라고 하면서 다시 만날 때 질문해도 좋다고 보냈는데, 친구에게도 책을 소개했다고 했다. 유진은 『푸른 문』을 읽고 그날 밤 지하에 있는 차를 타고 여정을 떠나는 꿈을 꾸었고, 병원 건물 앞에 도착했다고 했다. 지혜도 2주쯤 지나서 화장실이 넘치는 꿈을 꾸었다고 한다.

갑자기 먼 길을 마다하지 않고 나를 만나러 오는 29살의 처녀들이 과연 어떤 메시지를 들고 온 걸까 정말 궁금했다.

그리고 두 처녀를 만나기 위해 내가 쓴 책이 필요했다는 생각이 들었다.

내가 잊어버리고 싶은 시간은 20세부터이고 27세 결혼 생활부터는 또 다른 구체적인 고통이 시작되었다. 그렇게 살던 광주를 떠나온 나이가 29살이었다. 그때 강원도로 군의관 복무를 위해 이사를 나와서는 다시 광주로 돌아가지 않고 진주에서 살기 시작한 햇수가 35년이다. 나는 광주 자체가 내 상처의 장소여서 절대 돌아가고 싶지 않았다. 중학교부터 결혼까지 젊은 날을 보낸 곳인데 그 시간들이 어둡고 싫었다. 지금은 흐릿한 기억이고 감정이 남아있는 건 아닌데 예전에는 광주라는 말을 듣는 것만으로도 괴로웠다.

그런데 믿기 어려운 일이지만 그 나이의 나를 다시 만나서 이야기를 나누게 된 것이다. 나도 그 나이에 나를 도와줄 누군가 필요했다. 삶이 허망하고 무력한 것은 아니라고 생각 했지만 어떻게 해야 하는지 도무지 알 수가 없었다. 어떤 누구도 나에게 귀 기울이지 않았지만, 더 중요한 것은 내가 어떤 상태인지 내가 무엇을 느끼는지 설명할 수 없었다는 사실이었다. 혼란한 내 마음을 설명하기 불가능해서 어떻게 도 표현할 수 없었다. 누구에게도 내 상태를 이야기할 길이 없었고, 단절된 감정 표현은 오해를 불러일으켜서 겁이 났다. 그래서 그때 더 아무렇게나 아무 데나 나를 던져놓던 시기였다. 엉키고 뭉쳐있는 나를 날카로운데 던져서 깨뜨리고 싶었다. 지옥이 보이는 위태로운 다리를 건너면서 아무 데나 도달하게만 해달라고 중얼대던 날들이었다.

광주와 인천에서부터 와서 내 앞에 도착한 이들도 지금 혼란한 걸까? 유진은 대담하고 초연한 척하던 나의 겉모습을 닮았고, 착한 아이가 되고 싶어서 공격성이라는 에너지를 억압해버린 지혜는 나의 내면이라는 것도 알 것 같았다. 두 사람으로 나뉘어서 분열된 내가 처녀의 얼굴을 하고 내 앞에 도착했다. 두 개의 내가 먼 길을 지나 나에게 돌아온 것이다. 그들과 나는 겉과 속이고 왼쪽과 오른쪽이며 서로 뒤바뀌기도 했다.

두 처녀가 왜 왔는지 왜 우리가 만나야 하는지 이유가 있을 거라는 생각을 하면서도 알 수가 없었다. 처음에는 신기하면서 어리둥절했다. 화산을 그려보는 미술치료 작업에서 유진이가 위에서 아래로 내려다보는 초연한 표현을 하고, 지혜는 파랗게 얼어붙은 감정 표현을 하는 걸 보면서 정반대의 표현을 하는 그들을 더 알 것 같고, 나를 알 것 같아졌다.

자기 이해를 하고 싶은 초월적 이상을 갖은 유진은 내가 추구한 겉모습이었고, 착하고 좋은 딸로 남아있고자 자신의 욕구를 놓친 지혜는 숨겨놓은 내 무의식이었다. 손해 볼 마음은 없고 똑똑하게 구는, 나만 전부인 것처럼 살아오느라 내 무의식 밑바닥에서 무슨 일이 일어난 지 몰랐던 것이다. 가끔 무의식과 만난다고 여겼는데 스치기만 했다는 것이 실상이었던 것이다. 지혜가 인천에 살고 있다는 것도 지독한 은유였다. 이국의 오래된 도시에 가고 싶을 때만 들리던 국제공항이 있는 인천은 높고 멀리 떠오르기 위해 들리는 곳이었다. 일상에서 벗어나 낯선 장소로 가기 위해서 나는 한 번씩 인천이라는 무의식의 장소에 들렀던 것이다. 새로운 것들을 만나서 신기해하며 시선이 조금은 넓어져서 돌아오곤 했다. 진주에서는 그 인천이 너무 멀고 힘들어서 여행을 포기하고 떠나지 못한 시절도 있었다.

지혜는 이제까지 의사에게도 친구에게도 말하지 않았다며 부모가 죽을까 봐 두려웠다고 말을 했다. 그랬구나, 얼마나 힘들고 두려웠을까.

대상관계 이론을 보면 부모에게 불만을 느끼고 화난 아이들이 자신의 공격성을 억압한다고 해. 반대로 부모가 죽으면 어떡하지, 걱정을 하게 된대. 그러면서 자신이 나쁜 아이여서 부모가 잘해주지 않는다고 생각하게 되고, 착한 아이가 되어야 한다고 결심하게 된다네. 그걸 도덕적 방어라고 불러. 다 그런 건 아니겠지만 생각해 볼 만한 이야기이기는 해.

지혜에게 그 말을 해주면서 내가 부모를 죽이고 싶을 정도로 화가 났던 아이를 의식으로 나오지 못하게 틀어막는 방법을 썼다는 걸 다시 느꼈다. 나는 사회가 권장하는 도덕적인 효녀가 되려고 90살이 가까워진 부모를 진주에 내려오게 한 것이다. 이제까지 이렇게 꼬인 선택을 하며 삶의 고비고비를 건너 온 걸까. 66살의 나이가 되어서야 서로 따로 놀던 의식과 깊이 틀어박혔던 적의를 품은 무의식이 뚜렷하게 드러났다.

상담 공부를 처음 시작하면서 부모를 죽이고 싶었다는 것을 스치듯 만난 적이 있었는데, 지나쳐버렸다. 아마도 그 감정이 살아서 나올까 봐 벽을 더 높이 쌓았다는 게 맞을 것이다.

의식과 무의식이 전혀 다른 사람처럼 따로 살았다는 걸

알려주기 위해서 유진이는 내가 학교를 다니며 페르조나를 만든 도시 광주에서, 지혜는 멀고 낯선 곳으로 떠나고 돌아오기 위해 들리던 국제공항이 있는 인천에서 왔다. 깊은 심연의 무의식을 만난다면 진짜 지혜로워질 것이어서 인천에서 온 처자는 이름도 지혜이다. 우리의 내면 깊은 곳에는 생명을 창조한 신이 있을 것이고 그 신에 대한 자각은 지혜라고 불리는 것이다.

올여름에 나를 찾아와 준 처자들을 뭐라고 부를 수 있을까? 천사이며 성령이며 말씀이라고 해야 할까. 생생하게 드러난 내 마음의 형상을 내가 만났듯이 그들도 내게서 자신을 비추는 거울을 발견했으면 좋겠다.

구원

. . .

성당 사람들이 모여서 야유회 겸 야외 미사를 하러 간다. 큰 나무들이 듬성듬성 있는 평지에 신부님도 계시고, 모두 흰옷을 입었다. 제일 뒤에서 따라가다가 혼자 멈춰서 바라본다. (2023년 7월 2일)

하느님을 받아들이고 하나가 되는 의식인 미사에 따라왔으나 참석할까 말까 망설이며 멈춰 있는 꿈이다. 그렇다고 돌아가 버리지도 못하고 엉거주춤하고 있다. 어머니와 옳고 그르고를 따지고 있는 나에게 부드러운 하느님의 음성이 들리기 시작하고 있었다.

보이지 않아도 나는 항상 너와 함께 있어. 너 혼자 살고 있는 게 아니야. 너의 무거운 짐과 너의 생각과 너의 원망을 나에게 넘겨줄 수 있겠니? 나는 너의 짐을 지기 위해서 항상 기다리고 있단다.

그러나 내가 옳고 내가 너무도 억울해서 싸워서 이기고 싶다. 누가 더 피해자인가 끝까지 따지고 싶다. 내 방법으로 해결하겠다. 그래서 나는 흰옷 입은 성당 사람들을 따라가지 않겠다. 흰옷 입은 저 사람들도 위선자들일 것이다.

부모님한테 가지 않고 있어서 마음이 불편했는데 화정 선생님을 만났고, 세 시간 동안 경험한 이야기를 듣게 되었다. 평소 존경하던 신부님께 고백성사를 청해 말씀을 듣고 오는 길이었는데 "누구도 다른 사람의 삶을 판단할 수 없다"는 이야기를 해 주시더란다.

"사람은 각자의 내면에 자신의 구원을 갖고 있다"는 이야기가 선명하게 들렸다. 내가 누구를 구원하려고 개입한다는 건 그래서 너무도 쓸데없고 건방진 일이라는 말씀으로 이해되었다. 아마도 하느님은 너나 잘하라고 하는 거라며 같이 웃었다.

죽고 나서야 자신의 삶을 보며 잘 되었네, 잘 못 되었네 스스로 알게 되는 것이지, 살아가면서는 누구도 다른 사람의 삶에 감 놔라 배 놔라 할 수 없다는 이야기이기도 했다. 친구의 경험과 합쳐 들은 이야기가 너무 감동이었다.

그 시간은 내가 부모를 구원하고 싶어 했다는 걸 명확하게 알게 했다. 부모님의 삶을 폄하하며 내가 생각한 거룩한 삶을 살게 하려 했고, 죽음 앞에서 고요할 수 있어야 한다고 가르쳐 주고 싶어 한 것을 알았다. 내가 나도 설득하지 못한 것을 시선이 밖으로만 향하고 있었다는 걸 다시 알았다. 나를 구원하지 않고 효도하는 척하며 나를 부모님께 던졌다.

부모님이 잘못을 깨닫고 회개해서 내 고통까지 벗어나게 해주기를, 나를 돌봐주고 사랑해주기를 원하고 있었다는 걸 알았다. 내가 구원받는 것은 어려운 것 같으니 부모를 들볶는 중이었다. 부모가 자신들 무게를 내게 던지듯 나도 부모에게 나를 던지고 있었다. 부모와 나의 핑퐁 게임이었다. 부모가 구원되기를 바랄 것이 아니라 내가 나를 구원해야 된다는 것을 확실하게 알게는 되었지만 너무나 어렵고 힘들게 느껴졌다. 부모를 붙잡고 부모의 잘못을 드러나게 하여 큰소리치는 것이 쉬웠다. 그 시선과 에너지를 나에게 돌려서 내 잘못을 직면하는 것을 절대 하지 않기 위해서 부모의 잘못은 안성맞춤이었던 것이다.

내가 열심히 산다 생각하며 부모를 진주까지 데려다 놓고 붙들고 늘어지듯이 부모도 자식을 붙잡고 열심히 잘 살고 있는 것이다. 그러나 거기에 하느님도 함께 계시는 것이다. 다만 우리가 서로만 바라보며 상대의 잘못을 없애려고 할 뿐 옆에 기다리고 계시는 하느님의 존재는 발견하지 못하는 것이다. 도움을 청하는 즉시 해결해 줄 하느님의 전능함보다도 내가 잘 할 수 있다고 고집부리는 중인 것이다. 어느 날 부모님은 그들의 방식으로 깨어날 것이다. 깨어날 때가 이번 삶이 아닐 수도 있으며 죽음 앞에서라도 깨어날 것이다.

내 삶도 제대로 끌어가지 못하면서 부모의 삶까지 끌고 가려고 하는 것은 하느님을 능가하겠다는 엄청난 교만이다. 하느님은 누구에게나 함께하고 계시듯 나와 부모님에게도 함께하고 계신다. 자신들 방식대로 배우고 찾아가야 할 길인 것이다. 내가 개입해서 돌려놓으려고 할 것이 아니라 하느님을 믿고 모든 삶의 소중함을 믿어주고 기다려야 할 것이다. 어쩌면 벌레 퇴치를 위해 전문 방역 업체가 필요했던 상황과 똑같다. 돈도 들지 않는다.

하느님, 벌레같이 작은 우리를 가엾게 생각하시어 부디 악에서 건져 주소서.

부모님 집에 안 가고 버틴 지 한 달 만에 어머니가 요양보호사를 받아들이고 아버지랑 같이 앉아서 밥을 먹었다는 놀라운 이야기를 들었다. 두 양반이 서로 의지하며 살아가는 것은 불가능하리라 여겨서 미리 포기한 일이었는데, 한 달 만에 만들어진 성과였다.

그 소식을 듣는 순간 내가 허리를 쭈욱 펴져서 일어나며 시야가 넓어지고 자유로워지는 영상이 보였다. 그동안 온몸을 최대한 웅크러서 주먹을 꽉 쥔 채 앞을 노려보며 방어하는 자세를 하고 있었다는 게 느껴졌다. 정신없이 사느라고 내가 용을 쓰며 웅크리고 있는 줄을 몰랐다.

갑자기 몸과 마음이 가벼워지고 세상을 둘러보게 되고, 호기심도 생기는 것 같았다. 변화가 일어나자 주먹을 꽉 쥐고 있던 내 모습이 보이는 것이 신기했다. 변화하지 않으면 영원히 웅크린 정서적 상태로 살면서도 스스로 알지 못한다는 이야기이다. 일어나서 걸어 본 사람만이 자신이 이제까지 앉아있었다는 것을 알게 된다. 긴장한 정서적 몸의 자세가 실제의 몸에 긴장을 일으키고 병을 만들 것은 너무나 당연한 일이다.

그러나 기뻐했던 해결은 일주일도 안 되어 부모님이 요양 보호사를 못 오게 하면서 다시 원래 상태로 돌아오는 것 같았다. 그런데 아버지가 입원해야 하는 상황으로 급반전이 일어났다.

"아버지가 진주 와서 더 안 좋아졌다"고 했던 어머니의 말이 나를 비난하기 위한 말은 아니었다는 걸 나중에 깨달았다. 어머니로서는 서울에서 그나마 자기 맘대로 되던 아버지가 큰딸에게 의지해서 어머니를 퉁명스럽게 대하니 더 나빠졌다고 말했던 것이다. 다른 사람 처지에 대해서는 아무런 생각도 없고 그냥 자기 처지에 한해서 느낀 진실을 객관적인 것처럼 말한 것이었다.

어머니가 자신의 진실을 알아듣지 못한 사람들 앞에서 얼마나 억울할지, 얼마나 고통스러울지 알 것 같은 대목이었다.

어머니는 자신의 말이 다른 사람에게 어떤 상처가 되는지를 전혀 모르는 사람으로 살고 있는 중이었다. 그래서 자식들은 상처받는 게 너무 아프고 괴로워서 말문을 닫았고, 마음을 닫았다. 만나는 걸 두려워한다는 것을 어머니는 오직 자기에게 사로잡혀 있어서 이해가 안 되니 억울해했다. 자식들도 각자 삶과 죽음의 무게를 이겨내느라 힘든데 거기에다 어머니의 지옥 같은 삶을 받아내기에는 역부족이어서 그냥 나쁜 자식이 되는 걸 선택했다. 같은 집에서 살았기 때문에 너무 잘 알아서 더욱 고통스러운 자식들의 죽지 않으려는 선택이었다.

바오로도 내 아들이다

• • •

 힘든 상황인 오빠를 위해 한 달간 불철주야 열심히 기도하다가 들었던 응답이 "바오로도 내 아들이다"였다는 놀라운 이야기를 친구가 해주었다. 하느님의 뜻에 의해 하느님의 자식으로 오빠 또한 최선을 다해 살아가고 있는데, 오빠의 삶이 어렵다고 여기며 자신의 방식대로 구원되기를 바라고 기도하고 있었다는 걸 깨달았다고 했다. 오빠에게 주어진 최선의 몫을 판단하여 동생인 자기가 더 나은 사람인 것처럼 굴었다는 것이다.

 너는 너의 몫에 최선을 다해라. 바오로는 내가 직접 잘 지킬 것이다.

네가 보기에 부족할지 몰라도 바오로는 자신의 모양대로 살아갈 것이고 최선을 다할 것이다.

누군가를 위하고 기도할 때 어쩌면 예수님의 마지막 기도처럼 "당신 뜻대로 하소서"가 가장 열렬한 기도이겠다. 예수님의 오른편에 매달린 강도처럼 매달린 자리에서 "예"하고 응답하라는 말씀으로 들렸다.

이야기 끝에 소개해준 "창조적 고통"이란 제목의 송봉모 신부님의 유튜브 강의를 듣다가 사례로 이야기하신 『온 파이어』라는 책을 주문해서 읽었다.

온몸에 화상을 입고 죽음 앞에 선 9살 아들이 "엄마 내가 죽을까요?"라고 두려워하며 묻자 어머니는 대답한다. "존, 이대로 죽는 게 낫겠니? 그렇게 하고 싶으면 그래도 돼. 그건 누구의 선택도 아닌 네 선택이야."

존에 대한 어머니의 대답과 "바오로도 내 아들이다"라고 말씀한 하느님의 말이 나에게는 똑같은 말로 들렸다.

너무나 냉정한 말같이 들리지만, 그 말이 품고 있는 견고

한 믿음과 "당신의 뜻대로 하소서"가 들렸다. 우리는 하느님의 주도하에 있으니 주도하심에 기꺼이 대답하라는 음성이 들렸다. 나에 대한 하느님의 뜻은 이미 시작되었고 내가 "예" 하고 대답만 한다면 삶은 원래의 방향대로 흘러갈 것이라는 말이 들렸다.

어머니의 그 말은 소년을 살게 하였고, 그 음성을 듣기만 한다면 우리도 살게 할 것이라는 걸 알 수 있었다. 이제 스타 강연가가 된 존은 "언제까지 누군가를 원망하고 세상을 탓하며 살 것인가? 오늘 이후의 삶이 어떻게 펼쳐질지는 온전히 나에게 달려 있다"고 말한다.

경로우대를 받는 나이가 되었지만, 그 나이와 하느님의 주도하심에 응답하는 삶은 조금도 늦지 않았다.

'내가 지금 죽어야 한다면 무엇이 중요할까? 함께하고 싶은 사람이 누구일까?' 곰곰이 생각하며 거칠게 주변을 정리하는 중이었다. 죽음 앞에서는 더 이상 나에게 필요한 것도 없고, 죽음 앞에서는 함께할 사람도 없을 것이었다. 내가 없어도 사람들은 자신의 삶을 살아갈 것이고… 집안에 쌓아놓은 것들을 버리고 정리해야 한다는 생각을 하는 중이었다. 생각은 했지만 돌아서면 욕심을 부리며 하나를 더 쌓고, 돌아서면 옳고 그르고를 따지며 나를 내세우는 중이었다.

그런데 아홉 살 아들에게 "이대로 죽는 게 낫겠니? 그렇게 하고 싶으면 그래도 돼. 그건 누구의 선택도 아닌 네 선택이야"라고 말하는 그 엄마의 목소리가 나에게 계속 들렸다. 계속 되풀이되어 머릿속을 맴도는 그 말 때문에 왼쪽 머리가 지끈거렸다.

나는 아홉 살도 아닌데 어리광을 부리고 살 수는 없다. 잘 보이기 위해서가 아니고, 존이 죽음과 싸우며 살아남기 위한 시간을 견뎌야 했듯이 나도 견디고 기다리기로 했다. 그저 목표물을 향해 달려들던 삶에서 기다리기로 했다. 할 수 있을지 할 수 없을지 모르지만 하기로 했다. 나를 봐달라고 하지 않고, 나를 위로해주라 울지 않고, 뺏기 위해 주지 않고, 행여나 꺼질세라 애태우며 들고 있던 내 생명을 바라보기로 했다. 꺼져가는 숨을 살리려고 입김을 불어 넣느라 소진하는 삶이 아니고 진실로 나를 살려보고 싶어졌다.

어쩌면 존처럼 참혹한 흉터가 생길 수도 있지만 손가락이 뭉툭해지고 비틀대며 걷더라도 진정한 생명을 살게 하고 싶어졌다. 다른 사람을 위해 기도한 적도 없지만 기도하는 척도 하지 않고 그저 "예"라고 해보겠다. 우리 모두는 각자 하느님의 주도하에 있다는 것이 믿어졌다. 하느님의 뜻이 축복으로 보이지 않을 때도, 한없는 은총으로 느껴질 때도 모두가 하느님 안에 속해 있다는 것이 믿어졌다. 누구나 자기 몫의 인생을 살아가는 거라고, 함부로 개입하거나 손댈 수 있는 삶이 아니라고, 누구에게나 찬란한 삶이라고, 고통도 흉터도 아름답다고 믿기로 했다. 내가 할 수 있는 일은 나에 대해서일 뿐 누구의 삶에도 끼어들 수 없다는 걸 알았다.

하느님이 나를 사랑한다고 믿고 그들 모두를 사랑한다는 걸 믿는다면 나는 "예"라는 대답만 필요하다는 것을 알게 되었다. 존에게 했던 엄마의 말은 하느님에 대한 지극한 믿음과 모든 생명이 하느님의 뜻에 있음을 믿는 말이었다. "존, 하느님의 자비하신 뜻에 '예'라고 대답해. 하느님이 알아서 해주실 거야." 엄마는 하느님의 한없는 자비를 믿었고, 아들의 응답도 믿었다. 나는 그 엄마의 믿음과 존의 믿음을 보고 있다. 내 옆에 하느님이 나를 위해 함께 계시다는 것이 느낌으로 오는 시간이었다.

노래

• • •

무대에 올라가서 노래를 해야 한다. 나는 마지막으로 무대에 올라가는데 가사가 생각나지 않는다. 경연대회는 아니다.

첫 소절은 '얼마나~'로 시작되는 가사와 곡조는 익숙하게 알겠는데 그다음부터 가사가 입속에서 뱅뱅 돌기만 한다.

공연을 주최한 나이 든 남자와 친분이 있어서 내가 노래를 하게된 것이다. 올라가는 무대 한쪽에 앉아있던 주최자분과 악수하듯 손을 스치고 무대로 올라간다.

계속 다음 가사가 생각 안 나지만 노래를 일단 시작하려는데 눈앞에 네 줄의 가사가 쓰여 있는 것이 보인다. (2023년 7월 18일)

잠이 깨어 '얼마나~' 하며 몇 번 곡을 흥얼거려보니 장님 가수였던 이용복의 〈달맞이꽃〉이라는 걸 근방 알 수 있었다.

얼마나 기다리다 꽃이 됐나
달 밝은 밤이 오면 홀로 피어
쓸쓸히 쓸쓸히 시들어가는
그 이름 달맞이꽃
아 아 아
서산에 달님도 기울어
새파란 달빛 아래 고개 숙인
네 모습 애처롭구나

이용복에 대한 기억은 대학교를 다닐 때이다. 그때 대단한 인기가수에다 〈쥴리아〉라는 노래가 특히 유행이었고, 나도 좋아하던 노래였다. 노래 속에 존재하는 사랑을 받는 여인 '쥴리아'에 대한 부러움과 결코 그렇게 사랑받는 여자는 될 수 없을 거라는 피해의식에 슬펐던 생각도 난다. 아마도 쥴리아가 죽어서 달맞이꽃이 된 것인가 싶다.

그때 다방에 가면 '카프리차'와 '율무차'를 마셨다. 율무차는 약간 걸쭉해서 차 스푼으로 떠먹었지만 나는 카프리차도 한 스푼씩 떠먹었다. 상대가 이상하게 쳐다봐도 시크한 척하면서 그렇게 차를 작은 스푼으로 떠서 먹었다. 커피를 마신 기억은 안 난다. 다방에서는 그 당시에 유행하던 노래가 흘러나와서 그곳에서 〈쥴리아〉를 들으며 우울했던 기억이 난다. 쪽지에 신청곡을 적어서 주면 원하는 노래를 들을 수 있던 때였다. 그 정도가 스무 살을 시작하던 우리의 낭만이었다. 다른 어떤 새로운 것을 꿈꾸지 못하고 현실을 통과하는 다른 방법도 알아보려 하지 않은 채 사랑받는 여인이 아닐 미래를 미리 슬퍼했다. 사랑을 내가 솔선수범해서 한다는 생각은 해보지 못했다.

그 당시 친구가 알고 보니 부잣집 딸이었는데 그때 500원인가 하던 찻값이 부담스러웠던 나는 부자인 친구가 찻값을 내주면 좋겠다는 생각을 자주 했었다. 나중에 결혼해서 그 친구가 연락을 해도 받지 않았는데 그 당시 찻값을 내주기를 바랐던 초라한 기억이 싫어서 만나고 싶지 않았던 것 같다. 내가 요즈음 친구들을 만날 때 어지간하면 내가 찻값이나 밥값을 내려고 하는 이유가 그 기억 때문일 수도 있을 것이다. 지금 와서도 아무도 모르는 초라했던 나를 몰래 열심히 부정하고 있는 것이다.

나 그때, 신이야! 네가 내 찻값도 내주기를 바랐어. 깔깔거리며 웃던 너의 웃음도 부러웠어. 나는 그때 머리를 내려뜨려 한쪽 눈을 거의 가리고 더운 여름날에도 목이 올라오는 옷을 입고 다녔어. 까만 피부를 숨기고 싶었고, 그냥 나의 모든 게 부끄럽고 추해서 감춰야만 할 것 같았어. 스무 살 그 시절에 내가 웃기도 했는지 궁금해. 신이야, 너 내가 웃는 걸 본 적이 있니?

돌아보면 사랑할 생각은 해본 적 없고, 사랑받기에는 부적격이라고 여긴 나는 마음의 장님이었다. 내가 사랑하지 않은 초라한 스무 살, 눈이 먼 나를 바라본다. 그 처녀는 여전히 캄캄하게 웅크려서 그래도 너무나 피고 싶어서 달맞이꽃으로 나타났다.

그 처녀가 부끄러워하며 무대에 서려니 다음 가사가 생각나지 않고 주저한다. 그래도 공연을 주최하는 남자분이 나를 위해 무대도 만들어 주고 손을 잡아주며 할 수 있다고 도움을 준다. 피하지 않고 무대에 서니 가사가 떠오른다. 다행이다.

늘 준비가 다 된 조건에서도 돌아서 버리던 이전의 꿈에서 발전한 꿈이다. 마무리하지 못하고 미진하던 꿈의 변화다. 내가 해야 한다는 데서 하느님의 주도하심이 있다고 알게 된 것과 관계가 있을 것 같다. 내 머리 위에 안 보이지만 존재하는 에너지가 나를 이끌어가고 있다는 생각을 한 것이 무대에서 노래를 할 수 있게 한 것만 같다. 실제로도 나에게 도움을 주고 힘을 주는 사람들이 너무 많다. 나도 그들에게 그런 사람이 되고 있는지 생각해 볼 일이다.

내가 앞서가는 길을 하느님이 따라오는 것처럼 여겼다는 걸 알았어. 내가 하느님의 뜻을 따라가야 하는데 말이야.

친구가 메시지처럼 들려준 말이다. 하느님의 뜻과 주도하심에 응답하는 것이 우리의 몫이라는 것을 알게끔 도와준 친구가 오늘은 그다음으로 한발 더 나아가는 구체적인 태도까지 알려주었다. "천사의 말을 들은 마리아는 침묵했다"는 구절을 소중하게 들려준 사람도 친구였다.

"침묵했다는 말은 마리아가 천사의 말을 이해하지 못했지만 순종했다"는 의미라고 알게 되어서 그냥 기뻤던 생각도 났다. 하느님의 뜻을 우리는 다 알지 못한다. 이해하지 못해도 침묵하며 순종할 수는 있을 것이다.

주님, 제가 알지 못하오니 저를 악에서 구하시고, 제 뜻대로 마시고
주님의 뜻대로 하옵소서.

백합

• • •

8월이 되면 우리 집 마당에는 흰 백합이 핀다. 아는 집 마당에 피어있던 백합이 특별해 보여서 얻어다 심은 지 십 년이 지났다. 이 집에 살면서 처음 맞이하는 8월이어서 꽃대가 길게 자라나고 오므린 망울부터 조금씩 벌어지는 것까지 보게 되었다. 그동안 나름 마당에 풀도 열심히 뽑아서 조금은 정리된 배경에서 꽃이 하나씩 피기 시작했는데 내일 새벽부터 태풍이 올 거라고 한다. 비와 바람에 긴 줄기들이 쓰러지겠구나 싶었다.

잠깐 마음이 너그러워져서 환했다가 하루도 지나지 않아

서 화를 내며 처박히는 요즘의 내 상태 같아서 미리 실망스러웠다.

백합이 피어있는 시기도 원래 일주일이 안 되는데 피자마자 태풍이라니 요즘 뒤흔들리는 내 마음을 태풍 속에 백합이 보여주는 것 같아서 바람 소리를 들으며 잠까지 설쳤다. 그런데 아침에 보니 몇 개의 꽃대가 바닥을 향하여 쓰러져 있기는 해도 흰 꽃들이 그대로 피어있었다. 꽃 모가지만 툭 떨어져 버린 건 두 개였다.

백합이 태풍에서 벗어난 것 같아서 나도 다시 잘 할 수 있을 것 같은 용기가 생기면서 기분이 훨씬 나아졌다. 이런 우연에라도 기대고 싶은 좌절한 내 모습이 인정이 안 되어 화가 났다. 하느님이 나를 이끌어 갈 것이라는 마음이 지속될 줄 알았는데 다음 날 바로 원망하고 후회하는 나를 받아들이기가 어려웠다.

아무한테나 원망과 비난을 퍼붓고 싶은 마음이었는데 바람에 자빠진 꽃대 몇 개를 일으켜 묶어주면서 조금은 기분이 가라앉았다.

오후부터는 다시 햇살이 뜨거워졌고 백합은 그대로 마른

잎을 매달며 축 쳐졌다. 꽃이 크고 한 겹인 백합은 가려주는 잎이 없어서 비도 햇빛도 고스란히 받아내며 근방 시들어버린다. 조금 그늘진 곳에서 피는 백합들은 싱싱해 보였다. 백합이 8월의 마당을 견디는 건 가혹한 일인 것 같다. '차라리 꽃이 활짝 피기 전에 꺾어서 집안으로 들이는 게 나을까'하는 생각까지 들 정도였다. 요즈음, 같이 피어있는 봉숭아꽃은 초록 잎 사이로 숨은 듯 피어있을뿐더러 햇빛을 맞서는 느낌인데, 긴 꽃대 끝에 혼자 달랑 핀 백합에게는 햇빛이 너무 뜨거운 것 같았다. 그래서 아무도 백합을 마당에 심지 않는다는 걸 알게 되었다. 그늘도 없이 마당에 심으면 안 되는 백합을 잘난 척하며 심은 것이다. 아는 게 별로 없는 주인을 만나서 이 뜨거운 햇빛에 노출되어 스러지는 꽃한테 미안해졌다. 추상적인 사고와 기분에 취해 살아가는 사람의 실수이다.

백합의 곧게 뻗은 줄기는 성모님을 경외하는 마음이고, 늘어진 잎은 성모님의 겸손한 마음이며, 향기는 신성함이고, 흰색은 청순함을 나타낸다고 한다. 또한 새로운 삶을 상징한다고 한다.

악귀

...

　김은희 작가의 드라마 〈악귀〉의 마지막 장면은 거울에
갇힌 주인공이 거울 밖의 악귀에게 목을 졸려 죽어가면서
그 악귀가 자신의 얼굴이라는 걸 알게 되는 장면이다. 다른
사람을 원망하고 증오하던 자신의 생각들이 악귀를 만들었
다는 것을 그 순간 깨닫는 것이다. 주인공이 '나는 왜 자신을
이렇게 혹독하게 대했을까? 누구를 위해서가 아닌 내가 하고
싶었던 것을 해보자'며 용기를 내는 순간 악귀는 스스로 소멸
한다.

　악귀의 얼굴은 어머니가 아니다. 동생이 아니다. 친구가

아니다. 연쇄살인마가 아니다. 그것은 원망과 증오로 일그러진 내 얼굴이다. 내가 내 손을 뻗어 목을 조르고 있는 중이었던 것이다.

어머니와 함께 공모하여 아버지를 죽인 중학생이 부부 싸움하는 걸 보지 않아도 되어서 감옥이 편하다고 말했다는 신문 기사를 보았다. 나 또한 그 아이와 같은 마음으로 살아왔다는 것을 새삼 떠올린다.

아침에 신발을 신으려다 신발 밑에서 기어 나오는 지네를 발견했다. 중간 크기로 생생하게 붉은색을 띤 녀석이었다. 도구가 없어서 "어어" 하다가 남편의 구두를 들어서 짓이겼다. 내 신발보다 남편 구두가 크고 넓적해서 적당했기 때문이다. 어쩌면 실제로도 남편은 나보다 더 너그럽고 더 침착해서 힘이 되는 사람이다. 남편이 현실적인 도움을 줘서 내가 과감하게 지네를 죽일 수 있을 것이다.

우리 집에 사는 지네는 두 달 전 내 손가락을 무는 것부터 시작해서 계속하여 내 눈에만 보인다. 아마도 눈이 나쁜 남편은 지네가 발밑을 지나가도 안 보일 거라는 생각도 든다. 굳이 보지 않으면 안 보이는 것일 수도 있다. 뱀을 두려워하는 사람은 결코 뱀이 나올 수 없는 장소에서도 뱀을 보게 된다는 글을 본 적이 있다.

입원 중인 아버지를 만나서 "어머니가 외갓집에 가버렸기 때문에 아버지를 돌봐 줄 사람이 없어서 집에 못 가고 요양병원으로 가야 한다"고 말했다. 아버지가 고개를 떨구며 "가정이 파괴되어 버렸네" 했다. '네? 우리한테 가정이 언제 있었는데요?' 나는 그 말을 차마 입 밖으로 내지 못하고 고개를 돌렸다.

우리가 어릴 때 날마다 폭력을 휘두르며 싸우는 부모 밑에서 자식들에게는 이미 가정이 존재하지 않았는데 아버지는 자신을 시중드는 어머니가 있는 한, 가정이라고 생각하며 살아왔다는 것을 들으니 놀랍기는 했다. 하물며 그 싸움은 90세가 다 되는 지금까지도 계속되고 있어서 우리는 고통받고 있는 처지인데도 말이다.

간호사와 개인 간병인한테는 자신의 불편함이나 요구사항을 한마디도 하지 못하고 눈치만 보고 있다가 나를 보면 병원이 아무 소용없다며 짜증을 냈다. 아내한테만 큰소리치고 자식들 배려하는 것은 한 번도 못 봤는데 환자를 돕는 것이 직업인 사람들한테는 아무 말도 못 하고 있었다. 아버지가 그런 사람이었다는 것이다. 친구라는 사람들에게 보증

서주고 사기당하면서, 자식들한테 돈 달라 해서 채워 넣으며 살고 있는 사람이었던 것이다.

휴가 때 들렀던 동생은 아버지 방을 청소하다가 아버지가 숨겨놓은 통장을 발견해 놓고 갔다. 앞으로 병원비며 요양원 비며 심란했는데 동생이 청소를 하다가 돈을 발견해 놓고 간 것이다. 부모님은 돈이 하나도 없는 것처럼 빌려 달라하고 거저 달라하며 가져가더니 결국 숨겨서 그 언젠가 사용할 것이라고 믿으며 모아놓은 것이다. 그 언제가 언제라는 걸까? 손자들 손잡고 나가서 장난감 하나도 사주지 않던 아버지가 돈을 쓰려는 때는 언제인 걸까? 고모들도 큰오빠가 평생 연필 한 자루 사준 적 없다고 하더구만, 아버지는 돈을 왜 들고 있었을까?

외삼촌

● ● ●

중등학교에서 대학에 다닐 때까지 외삼촌은 나에게 유일한 어른이었고 도움을 준 사람이었다. 어쩌면 내가 이해받았다고 느낀 외삼촌의 한마디가 나를 살렸다는 생각까지 했다.

내가 덤비면 어머니는 누구라도 불렀는데 그날은 외삼촌이었다. 직장에 있던 삼촌이 바쁘게 도착하여 나를 나무랐다. 그러면서 "너네 엄마도 좀 이상하긴 하다"고 말했다. 그 말에 의지해서 내가 완전히 이상한 건 아니라고 자신을 달래며 살아갈 수 있었다.

그러고 보면 어머니는 지금도 아버지랑 싸우면서 나를

불러들이는데 그건 새삼스러운 행동이 아니고 평생 그래왔던 것이다. 어린 시절에 그래서 나는 욕을 많이 먹었다. 내가 뭐가 그렇게 못된 아이였는지 알 수 없었는데 아버지랑 싸울 때 엄마 편을 들어주지 않았기 때문이었다는 걸 이제 깨닫는다.

나도 약하고 불쌍하게 쓰러진 어머니 편을 들지 않는 내가 미웠다. 부모가 싸우면 지긋지긋해서 외면하는 나를 스스로 욕했다. 어머니가 혼자서 감당하지도 못하고 이기지도 못할 거면서 상대를 약 올리고 맘대로 말할 수 있었던 것은 자기가 책임지지 않아도 되고 편들어 줄 사람을 부를 수 있어서였다. 그렇게 책임지지 않고 자기 잘못을 알 기회를 놓쳐버린 어머니는 피해자라는 정체성으로 쉽게 살아가게 된 것이다. 아무나 이용하고 자연스럽게 자신은 빠져나가는 것이다. 시작을 한 것은 어머니인데도 응급실로 실려 가는 극적인 결과 때문에 원인은 묻혔다. 지나가는 차에 발을 밀어 넣고 넘어져서 돈을 갈취하는 사기꾼의 방법이었다.

90이 다 되는데도 싸우는 그 판에 나를 부르지 말라고 소리를 질러서 겨우 면제되는가 싶었는데 아버지가 조용히 나를 불러 "너네 엄마한테 말 좀 잘해 봐라" 하는 것이었다.

"왜 내가요? 둘이 갈등이 있었으면 둘이서 이야기해서 풀 일이지 왜 내가요?"

두 사람은 한 번도 서로 앉아서 이야기해 보지 않은 것이다. 아기들같이 자기들 세계에 파묻혀서 본인이 불편하면 걸고 소리 지르고 원망하고 너의 잘못이라고 외치다가 폭력이 시작되는 것이다. 자신의 안락함과 자신의 배고픔만 있을 뿐 상대나 자식에 대한 배려도 없다. 자식들은 제공하는 사람들일 뿐 자신들이 배려할 대상이 아니었다.

그런 사실이 명확해지면서 좋은 딸 하겠다고 돈만 입금한 어리석은 나에 대해 괴로워하는 중이었다.

그 와중에 외삼촌이 나한테 "너 성질도 보통은 아니다" 했는데, 나는 열이 났다. 어렸을 때부터 이제까지 평생 변명도 한 번 못 하고 그 말에 수긍했지만 참을 수가 없어졌다. 외삼촌이 좋은 사람이란 걸 알기 때문에 말할 수가 있었다. 나쁜 사람이었으면 안 했을 것이다. 관심을 아예 주지 않았으면 안 했을 것이다. 무슨 일이 일어났는지 모르면서 여전히 좋은 사람 역할을 하는 외삼촌은 효녀가 되고자 부모를 가까이 이사시킨 내 어리석음과 같다고 생각되었다.

그래서 화가 났다. 나 자신한테 내야 할 화를 베풀어주려고 하는 외삼촌에게 퍼붓고 말았다. 어쩔 수 없었다. 내가 그렇게나 어리석다고 생각을 못 했기에 그것이 나에 대한 화인 줄 몰랐다. 알았으면 두어 통의 문자였으면 될 것을 30통을 보내버렸다.

어머니에 대해 하나도 모르면서 도움이 되려는 외삼촌이 짜증 났다. 그건 잘못된 것이다. 돈을 주는 게 더 문제라는 걸 그동안 돈을 퍼주고 칭찬이 오지 않아 분개하는 나를 보면 안다. 소통이 필요했다. 소통이 안 된다는 걸 알았으면 그만두어야 했다. 아니면 삼십여 년 달마다 당연하게 입금한 돈이 문제였다. 너무 당연해서 고마운 줄도 모르는 슬픈 돈이었다.

서울 동생들까지 내려와서 집으로 가고 싶다는 아버지를 병원에서 퇴원시켜서 요양병원에 입소시켰다. 사인하면서 담당자의 이야기를 듣다가 인력 부족과 혼자 두어서 생길 사고를 방지하기 위해 눕혀놓기만 할 것이라는 걸 깨달았다. 벌써 요양병원으로 들어갈 일은 아니었다. 그러나 어머니가 집에 오는 요양보호사를 거절하고 어머니도 자기 몸을 끌고 다니는 형편이어서 아버지를 더 이상 도울 힘도 없으니 방법이 없었다. 요양보호사의 도움을 받으면 세상에 아무런 문제가 없는데 어머니는 거부했다.

콘크리트 유토피아

● ● ●

영화 속에서 자신만은 영원히 살 것 같이 아귀다툼하는 무지한 장면을 보면서 나도 그 사람들과 똑같다는 생각에 몸과 마음이 오그라들었다. 영화 속에 내가 있다고 해도 다르게 할 자신이 없다는 생각이 들었다. 그들의 사투가 남의 일이 아니어서 슬프면서 소름이 돋았다.

아파트 밖의 다른 사람들을 바퀴벌레 취급하며 사지로 내몰면서도 당당하던 부녀회장은 아들의 죽음을 보며 혼절한다. 정신을 차렸을 때 그녀가 삶의 허망함에 몸서리쳤을까, 아니면 툭툭 털고 일어나서 다시 자신의 안위를 도모했을까?

궁금했다.

이병헌의 연기는 역시 대단했다. 조금이라도 허술한 연기였다면 현실감이 부족했을 것이고 서사만 남았을 것이다. 내가 보기에 영화의 가장 압권은 이병헌이 〈아파트〉 노래를 부르는 장면이었다. 많은 사람과 떠들썩한 자리였지만 살인한 순간부터 거짓 존재로 살아가는 말 못할 그의 상실과 고독함이 화면을 뚫고 나와서 그대로 가슴에 꽂혔다.

아파트값을 지불했지만 사기를 당한 이병헌이 집주인을 죽일 때 그 모습을 보며 말도 못 하고 사지를 움직이지 못하는 늙은 어머니는 버둥거린다. 그 장면을 보면서 병원 침대에 누운 채 자유스럽지 못한 몸으로 의심과 불안에 찬 눈빛이던 아버지 모습이 떠올랐다.

아들을 죽인 범인과 어머니는 함께 살게 된다. 스스로 죽을 수도 없고 소리도 내지 못하는 숨만 붙은 몸으로 누워있는 것이다.

아버지가 숨긴 돈은 잘 걷지도 못하는 두 사람이 버스를 타고 한 시간 거리의 낯선 도시에 가서 찾아온 돈이었다. 자식 몰래 돈을 챙기느라 집안에서도 지팡이를 짚고 다니는 분들이 비틀거리며 위험한 나들이를 했다는 것을 나중에 알았다.

자식들은 아버지가 가진 돈이 없다고 생각하여 필요하면 같이 돈을 모아서 도우려 하고 있었는데, 둘이서 왜 그러고 있었을까? 차라리 그 돈을 자식들 필요할 때 인심을 쓰고, 아니면 "걱정 마라. 병원비는 있다"고 당당하게 말했더라면 좋았을 것을… 왜 그러고 있었을까? 들켜버렸을 때 어떤 기분이었을까?

영화 속에서 살아남기 위해 서로 죽여야만 하는 극단적 상황에 내몰린 사람들을 보며 자꾸 아버지와 나와 어머니가 생각났다. 돈을 지키고 싶었을 그 심정이 목숨을 지키는 것과 같았으리라 여겨졌다.

어머니도 통장 세 개를 들고 돈이 없다고 하는데 그 돈으로 뭘 하려는 걸까? 그 돈으로 손자들 용돈도 주고, 증손녀 장난감도 하나 사주고 그러면 얼마나 좋았을까?

쓰지 못하는 돈을 들고 있으니 돈이 없다는 말만 하게 된다. 돈은 쓸 때 '돈이 있는 것'이라고 한다. 돈을 들고 있기만 하는 것은 부자가 아니고 가난한 게 맞다. 아버지가 병원에서 통장을 들고서도 "내가 뭔 돈이 있나?"하며 억울해했다. 쓰지 않는 돈은 없는 것과 같다. 더 많이 있어야 있는 거라고 생각하는 것도 평생 망상이다. 한 번도 생각하는 만큼 돈을 갖은 적이 없으니 늘 돈이 없다고 한다.

한발 물러나 보니 어머니가 과장은 했어도 힘든 것은 사실이었다는 생각이 들었다. 어머니를 나쁘다고 생각하며 살았는데 더 사악한 것은 '못 들은 척하고, 아무 짓도 하지 않고 돌아앉은' 아버지였다는 생각이 들었다.

요양병원이 싫다고 하도 그래서 어머니 없는 집에 데려다 놨더니 냉장고 문도 열 줄 모르고, 선풍기도 틀 줄 모르는 아버지가 보이기 시작했다. 이제 보니 가스 불도 한번 켜보지 않아서 물 하나 끓여 먹지도 못하는 아버지였다.

어머니의 히스테릭한 넋두리와 펄쩍거림에 가려진 아버지가 보이기 시작했다. 그렇게 앞가림이 안 되는 남자와 평생을 산다면 우리 어머니같이 될 수도 있겠다는 생각이 들었다.

아버지를 가해자로 만드는 나쁜 어머니라고 생각했는데 사실 진짜 피해자는 어머니이고, 가부장제와 남자라는 권력에 숨어서 산 아버지가 가해자였던 것은 아닐까.

우리는 아버지를 아예 없는 사람이라 생각하며 아무것도 바라지 않았고, 어머니하고만 싸웠다. 왜 아버지 앞에서 현명하게 굴지 않는가, 좀 더 참지 못하는가, 똑똑하게 굴어서 자식들에게 피해가 오지 않게 도와줘야 되지 않는가, 자신을 희생해서라도 왜 좋은 것을 제공하지 않는가….

아버지한테는 바라지 않았기에 원망도 없었다. 어머니를 때렸지만, 자식들은 때리지 않아서 그나마 인격이 있다고 생각했다. 폭력 앞에서 망가지는 어머니를 보며 우리는 얼마나 무서웠는가, 우리는 폭력을 보는 것만으로 아버지가 무서웠던 것이다. 우리는 얼어붙어 버린 것이다.

어머니 앞에서 분하고 억울해서 찢긴 내 심정은 아버지 앞에 서 있던 어머니의 심정이었다는 생각이 든다. 어머니와 자식들이 힘들어하는 것을 아버지는 돈을 세며 쳐다보고 있다. 내가 알던 세상은 가부장제라는 견고함으로 지탱되는 세상이었고, 마음의 병이 들어버린 어머니에게 헌신을 요구하는 딸의 분노였다는 걸 알게 되었다. 자식들을 보호하지 않는 어머니에 대한 분노만 있었는데 그 뒤에 숨은 아버지가 있었다.

여전히 아버지는 자신의 불편함에만 집중하고 당연한 안락함이 없는데 대해 불만의 눈빛을 하고 있다. 말은 하지 않았다. 아버지는 이제까지 말을 할 필요도 없는 세상을 살았던 것이다.

이제야 어머니가 많이 아픈 사람이었고, 아파서 악해져 버렸다는 걸 알게 되었다. 참 슬프고 쓸쓸한 일이다.

악의 심리

...

학교에서 고등학교 1, 2, 3학년 교실을 옮겨 다닌다. 3학년 교실
이 어딘지 몰라 오르락내리락하다가 2층이라는 걸 알았는데 내
가 몇 반인지를 모르겠다. 내가 반장인데 큰일이다 싶다. 기웃거
리니 어떤 선생님이 내가 옆 반이라고 교실을 가르쳐 준다.

병원에서 휠체어에 앉은 아버지의 여러 가지 검사를 여섯
시간 째 기다리다 나의 역할에 혼자 화들짝 놀란다. '내가 왜
여기에 있지? 이게 내가 할 일이 맞는가?'
당연히 해야 할 일이라는 생각과 부당하고 어울리지 않는

역할극을 맡은 느낌이 갈등한다. 이렇게 시간을 쓰는 게 맞는가 생각한다. 나이 들어가며 해야 될 일의 목록에는 전혀 없던 일이다. 살아오는 동안 잘 지내냐는 말도 한번 해 준 적이 없고, 위로하며 손 한번 잡아 준 적도 없는 아버지였다. 내 얄팍한 머리는 추상적으로 착한 딸을 상상했던 것일 뿐 이렇게 친하게 육체적 노동과 정서적 부대낌을 행할 마음은 없었다.

한 달간 모른 척해서 아버지와 어머니가 서로 의논하고 요양보호사님이 식사 준비를 하게 된 것이 성공인 줄 알았다. 나는 말 그대로 날아갈 듯했고 부담 없이 남편의 휴가에 따라 나섰다. 가벼워진 기분으로 오랜만에 서울 가서 연극을 보고 전시회도 가려고 예매까지 해 놓았다. 그러나 1주일도 아닌 딱 5일간의 평화였다. 휴가 중간에 돌아와서 패혈증이 시작된 아버지를 병원에 입원시키고 간병인을 못 구해서 입원실 바닥에서 하룻밤을 자면서 계속 멍했다. 그저 여기 있는 내가 실감 나지 않아서 먹먹하다.

『거짓의 사람들』*에서 스캇 펙은 자기가 옳다고 생각하

---

* M. 스캇 펙,『거짓의 사람들 — 인간 악의 치료에 대한 희망 보고서』(비전과리더

는 교만함과 이기적으로 자신만을 사랑하는 나르시시즘, 그 두 가지가 바로 악의 심리라고 했다. 어머니를 보면서 자기 이익에만 움직이고 자기 잘못은 전혀 없는 태도로 산다고 생각했다. 그러나 드디어 6개월째 글을 쓰면서 나의 이기적인 심성과 내 교만 또한 못지않다고 자연스럽게 깨달아 가고 있다. 몰랐던 것도 아니지만 나쁜 부모를 방어하거나 도망치느라 어쩔 수 없다며 합리화하는 마음이 강했다.

그러나 이것저것 덜어내고 보니 어머니와 비슷한 내가 드러나기 시작한다. 그 사실 앞에서 막막한 기분도 들지만 쌍둥이처럼 마주 보고 있는 어머니와 내가 상상되며 가벼워지는 짧은 순간도 있다. 어머니의 모습과 내 모습이 서로 거울 속에서 겹쳐 보인다. 마주 보고 앉은 어머니와 아이가 나오는 꿈이 교만으로 버티는 고집스러운 의지라는 것도 알게 되었다.

이 복종할 줄 모르는 고집의 의지를 악성 나르시시즘이라고 에리히 프롬이 이름 붙였다고 한다. 악한 사람이 도저히 못 견디는 한 가지 고통은 자신의 잘못을 직시하고 성찰하는

십, 2007).

것이라 했다. 그렇다면 악에서 벗어 날 수 있는 방법은 나의 잘못을 직시하기이다. 악에 사로잡힌 사람은 절대 하지 않는다는 자기성찰이란 숙제 앞에 섰다. 아마도 이 자리에 서지 않기 위해서 내가 평생을 피해 다녔는데 결국은 숨어있던 지하실에서 질질 끌려 나와 버렸다.

악한 사람들은 자신의 악과 마주치게 될까 봐서 끊임없는 공포에 휩싸여 있다고 한다. 물론 그 공포와 고통은 만성적이어서 느끼지 못하고, 느낀다 하더라도 나르시시즘이 인정하지 못하도록 철저하게 막는다고 한다. 하느님께 자비를 구하는 순종하는 의지도 자유의지였다는 것을 극단에까지 몰려서 알게 된다.

스캇 펙은 큰아들이 자살할 때 썼던 22구경 총을 우울증을 앓는 작은 아들에게 크리스마스 선물로 주는 부모에 대한 사례를 말한다. 그 부모는 선물을 살 돈을 아끼느라고 주었을 뿐이라면서 뭐가 잘못되었느냐며 항의한다. 아이는 총을 받아들고 어떤 생각을 했을까, '자 형이 자살한 총이야, 이걸 갖고 너도 똑같이 해, 너는 그래야 마땅한 놈이야.' 물론 저자가 짐작한 아이의 생각이다. 악한 심리의 부모 사례이지만 그들은 이웃에 사는 평범한 사람들로 보인다고 한다.

자식에게 무의식적으로 죽음을 종용하는 악한 부모에게 치료를 권하지 않았던 이유를, 그때 자신은 그러한 악을 대적할 힘이 부족했다고 말한다. 그리고 그들에게 엄청난 혐오감을 느꼈다고 말한다. 혐오감은 악한 사람들을 만날 때 느끼게 되는 감정이라고 한다. 악을 너무 오래 마주하게 되면 그 악은 반드시 사람을 오염시키거나 파괴시키게 되어있어서 다른 길로 도망치는 것이 가장 현명한 방법이라고도 말한다. 보통 사람은 그 악을 대적할 수 없기 때문이다. 그리고 또 악한 이들은 한순간에 상대방의 사고력을 잃어버리게 하는데 거짓은 사람을 혼란시키기 때문이라고 한다. 악한 사람들은 거짓의 사람들이어서 자기기만을 켜켜이 쌓아 올릴 뿐만 아니라 다른 사람들 또한 속이는 사람들이기 때문에 혼란하게 한다고 말한다.

그들은 자기 모습이 빛 가운데 드러나는 것을 끊임없이 피하면서 자신의 목소리 듣기를 거부한다. 그들은 완전한 공포 속의 삶을 살아간다. 그들은 더 이상 지옥에 갈 필요가 없다. 이미 그 안에 들어있기 때문이다.

아이들은 악한 부모의 공격으로부터 자신들을 방어하려다가 악하게 될 수 있다.

10년도 전부터 갖고 있던 책이었다. 그러나 어려운 내용이었고 나는 악한 사람이 아니어서 읽을 필요가 없다고 생각했다. 사실은 내가 악한 사람이어서 읽기 싫었던 것이다.

위로가 되는 문장도 하나 발견했다. "이런저런 모양으로 틀림없이 나르시시즘에 빠져있으면서도 악하다고 할 수 없는 사람들도 많이 있다."

내 뜻대로 마옵시고 아버지 뜻대로 하옵소서.

Part 3

가을

누구도 죄의 포로로 잡아두지 않음으로써 우리는 자유로울 수 있다.
모든 형제 안에 있는 그리스도를 인정할 때 우리는 우리 안에 있는
그리스도의 현존을 인식한다.
하느님을 기억하면 더 이상 배울 것이 없다.

_ 기적수업

기도

• • •

잠을 자기 위해 친한 할머니 집 뒷마당에 주차하고 방으로 들어
간다. 할머니는 가게에서 아직 안 들어오고 남편이랑 누워 자려
는데 외국에 사는 할머니의 딸과 사위가 cctv로 보고 있었다며
들이닥치며 왜 남의 집에 들어왔냐고 난리를 친다. 할머니와 함
께 친하게 지내는 동료인 남자 두 명이 와서 내 편을 들어주어
그들은 사라진다.

일을 끝낸 할머니가 돌아와서 방 하나에서 침대를 다섯 개 놓고
함께 잠을 잔다. 아침이 되어 누운 채 창밖 비탈에 피어난 보라색
꽃을 본다. 모두 일어나서 침대에 앉아 아침 기도를 한다. 누군가

의 기도를 따라 나도 웅얼거리며 따라 기도한다. 할머니가 "아휴, 네가 오늘은 소리 내어 기도도 하는구나" 하며 말을 건넨다.
(2023년 7월 26일)

아주 오랜만에 할머니가 나타나는 꿈을 꾸었다. 그러나 늘 나타나던 쪽진머리에 한복을 입은 할머니가 아니고 가게에서 일하고 돌아오는 현대적인 할머니다. 오래된 세상에서 살던 할머니는 이제 현실의 나에게 가까이 오셨다. 내가 기도를 한 것을 반가워하는 할머니처럼 나도 기도하는 내가 왠지 애틋하면서 반갑다.

기도는 비로소 나에게 도착한 회개의 의미인 것 같다. 이제까지 나는 내가 옳아야 행복하다고 믿었다. 그래서 상대가 틀리다는 걸 증명하기 위해 애를 쓰며 살아왔다. 그러나 이제 보니 내가 틀리고 상대방이 옳았던 것을 알게 되는 일이 요즘 많이 생긴다.

일 년이 지나서야 내가 잘못 주장했음을 알게 된 것도 있고, 십 년이 지나서야 내 생각이 틀렸다는 걸 알게 된 것도 있다. 그런 의미에서도 기도는 신에게 나를 맡기고 감사하는 마음일 것이다.

내가 옳다고 선택한 것이 사실은 틀렸음을 알게 되고 사실은 그 틀린 것이 나에게 좋은 것이었다는 걸 알게 되는 전환의 아침을 맞는다는 생각이 든다. 보라색으로 피어있는 영혼의 모습을 잠에서 깨어 보게 되는 것은 얼마나 아름다운 일인가. 잠을 잔다는 것은 온전히 휴식하고 나라고 하는 자아를 내려놓음을 말하는 걸까. 그러고 보니 늘 할머니가 나를 찾아왔는데 처음으로 내가 할머니 집에 갔다.

아버지를 요양병원에 보내야 된다고 주장하던 어머니의 말이 과장은 있었겠지만 사실이었다. 아버지는 멀쩡해 보였지만 진료를 받고 보니 자신의 대소변 처리가 제대로 안 되는 상태였던 것이다. 아버지가 먹는 음식을 내가 같이 먹으려다 쉰 음식이어서 어머니와 다툰 일이 두어 번 있기도 했다. 어머니가 밥을 챙겨주는 걸 힘들어하기 때문에 나는 밥이라도 한 끼 챙겨주려고 애를 썼는데 어머니의 심기를 더 건드리는 결과를 빚었고, 병은 더 커졌던 것이다. 병이 생긴 원인을 바꿀 생각 없이 결과만 갖고 불평하는 어머니의 말을 흘려들었는데 실제로 아버지는 많이 아픈 상태였다.

먹는 걸 워낙 좋아해서 잘 먹기만 하면 건강해 질 것이라 생각했는데 이미 염증이 퍼져서 패혈증이 나타나는 몸 상태였던 것이다. 못 먹어서라고 규정하고 먹이려고만 했던 건 잘못된 판단이었다. 밥이 문제가 아니었다.

결국은 부모가 내 어두운 그림자를 드러나게 하는 빛으로 존재하고 있어서 싫고 두려웠다는 게 맞다.

결국 삶의 해답은 "내 뜻대로 마옵시고 아버지의 뜻대로 하옵소서"를 할 수 있는 사람인가 할 수 없는 사람인가로 점점 좁혀지고 있다. 나는 그 해답을 알고 싶지 않아서, 피하고 싶어서, 피할 수가 없어서 계속 화가 났던 것이다. 그러나 나의 기도는 오래전 꿈속에 나타나서 결국 이곳까지 나를 끌고 온 할머니와 함께 이미 꿈속에서 시작되었다.

굴러들어 온 박

...

벌레를 막아 준다는 소문을 듣고 앞마당과 뒷마당 두 군데
에 봉숭아 씨앗을 세 봉지나 뿌려 봉숭아가 빈틈없이 자라나
기 시작했다. 틈 없이 자란 봉숭아를 솎아서 옮겨줘야지 했는
데 열 개쯤 하다가 못하고 말았다.

그 와중에 처음으로 붉은 꽃을 피우고 나선 봉숭아를 발견
했다. 혼자서 씩씩하게 꽃을 피워낸 애를 바라보며 살펴보았
더니 개미가 붙은 것을 발견했다. 애구! 옆을 보니 장미꽃잎
을 괴롭히던 시커먼 벌레가 한 마리 초록 이파리 위에 떠억
앉아있다. 애갱, 뭐지? 그럼에도 역시 봉숭아에는 많은 벌레

가 살지는 않는 것 같다.

여름 끝에는 대롱대롱 달린 씨주머니를 터뜨려서 씨를 모을 것이다. 어렸을 때 만지기만 해도 톡톡 터지는 씨주머니가 재밌어서 터뜨리고 다녔던 생각도 난다. 일단 씨를 모을 종이상자를 하나 챙겨 놓았다.

심은 적이 없는데 뜬금없이 박 넝쿨이 봉숭아 꽃밭 옆으로 뻗어 와서 작은 열매들을 달기 시작했다. 처음에는 풀밭에 허연 것을 보고 누가 휴지를 뭉쳐서 우리 집에 버렸네? 갸우뚱했었다. 나중에 보니 흰 박꽃이 피었다가 뜨거운 날씨에 빠르게 오므린 채 달려 있는 모양이었다. 박꽃은 저녁에만 피는데 그것도 하룻저녁밖에 안 피어서 활짝 펼친 꽃을 보기가 어렵다고 한다. 박은 초가지붕 위로만 뻗는 줄 알았는데 풀이 무성한 곳으로 계속 나아가고 있어서 두고 보기로 했다.

잡초와 풀만 무성한 장소였는데 박 씨가 어떻게 싹을 텄는지 모르겠다. 설마 제비가 흥부 집인 줄 알고 떨어뜨린 건 아니겠고, 뭔 일인지 모르겠다.

말 그대로 호박이 넝쿨 째 들어오면 좋은 일이 생길 것 같은 느낌인데 박이 들어오는 것도 거의 같은 뜻일 거라며 은근 기대를 한다. 사실 호박넝쿨도 반대편으로 열심히 뻗어

나가고 있다. 벌써 작은 호박도 달려있다. 잡초만 무성한 땅에서 어찌 된 건지 호박도 넝쿨째, 박도 넝쿨째 우리 집으로 굴러 들어왔다. 이사 온 것을 환영하느라고 모두 우리 마당으로 모인 건가?

좋은 일이 생긴다면 과연 무슨 일이 생길지 기대가 된다. 로또를 사야 할까. 솔직히 내가 심은 호박 모종 하나와 가지나무 모종 하나는 자라기만 하고 꽃도 안 피고 당연히 열매도 없다. 그래도 내가 심은 호박도 기다려 볼 작정이다. 늘 보면 늦는 애들이 있다. 심은 자리가 봉숭아꽃 옆이었는데 봉숭아가 엄청 잘 자라는 바람에 호박과 가지나무가 봉숭아 그늘에서 자라지를 못했다.

오늘은 하룻저녁만 핀다는 하얀 박꽃을 좀 봐야겠다며 밤늦게 마당을 서성이다가 매화나무에 머리통만한 박 하나가 두둥 매달려 있는 걸 발견했다. 어둠이 깔린 나뭇가지 사이로 껍질에 솜털이 보송보송한 연두색 박이 달처럼 허공에 떠 있었다. 이만큼이나 클 정도로 눈에 띄지 않았다는 게 믿을 수가 없어 누가 장난치나 어리둥절했다. 누가 다 큰 걸 달랑 매달아 놓은 것 같았다. 버려놓은 휴지 같던 박꽃을 발견한 곳과 다른 방향에서 박 넝쿨이 매화나무를 감고 올라간 것이다. 이만큼 크려면 2주일은 달려있었을 터인데 못 봤다는 게 믿기지 않았다. 봉숭아 꽃씨를 모으느라 종이상자를 들고 왔다 갔다 한 곳이었다. 넓지도 않은 마당이어서 한눈에 들어오는 곳인데 여기저기 정신없이 피고 지던 백합 때문에 놓쳤을까? 아무튼 저 박을 가르면 흥부처럼 금은보화가 쏟아질 것 같아서 두근두근한다. 다 클 때까지 작은 나뭇가지에 잘 매달릴 수 있을까 걱정도 되었다.

그러한 걱정이 바로 인간의 쓸데없는 걱정이라고 하는 것이다. 무거운 박이 떨어져 버릴까 염려가 된 나는 다음 날 남편까지 동원해서 나뭇가지를 감고 있는 넝쿨을 떼어내서 바닥에 앉히려고 시도했다. 내가 기억하는 박은 초가집 지붕에 잘 앉아있던 기억밖에 없어서였다. 그래서 넝쿨을 떼어내는데 가지마다 넝쿨손이 정말 꽉 붙잡고 있었다. 떨어지려 해도 떨어질 수 없을 정도로 대여섯 군데를 넝쿨손이 돌돌 말아서 꽉 감고 있었다. 두 군데만 떼면 될 줄 알다가 어찌할 수 없어서 억지로 모두 잡아당겼는데 박은 바닥에 닿지 않았다. 가장 높은 곳에 가지를 붙들고 있는 넝쿨이 손에 닿지 않아서 포기한 까닭이었다. 박은 어정쩡하게 봉숭아꽃 그늘 속으로 들어가서 자리를 잡은 상태가 되어버렸다.

높은데 두둥 하고 달처럼 떠 있는 박을 끌어 내려 꽃그늘 속으로 숨긴 상태가 된 것이다. 못할 짓을 한 것 같아서 박한테 "미안해" 중얼거리며, 뭔 짓을 했나 싶어서 잠도 설쳤다.

내가 평생 하는 짓이 각자 알아서 제 자리에 잘 있는 걸 그 꼴을 못 본다 싶었다. 가만히 있지 못하고 끼어들어서 사달을 만들고 내 뜻대로 안 되는 것에 억울해하는 것이다. 잘 달려 있는 박을 끌어 내리듯 놔두면 잘할 남편도 끌어 내리고 자식도 끌어 내린 게 내가 한 짓 같아서 멍했다.

어떻게 해서든지 남편과 자식을 바닥으로 끌어 내린다고 느꼈던 어머니의 모습이 나와 겹쳐서 보였다. 가만히 있을 수 없는 것은 어머니의 열등감 때문이었고 나의 열등감일 것이다.

'대상관계' 학자인 멜라니 클라인은 아동 초기에 죄책감은 매우 박해적인 성질을 갖는다고 설명한다. 환상 속에서 공격 받고 상처 입은 내적 대상은 투사가 작용함으로써 복수심을 불러일으키기 쉽다고 한다. 자책감 속에서 물린 대상은 자신을 문 대상을 다시 문다. 거기에는 책임감과 박해감 두 가지 모두에 대한 인식이 깃들어 있다고 한다.

나는 달처럼 훤하게 떠 있는 박까지 끌어 내리니 인간계를 거쳐 자연계까지 통제하려고 하는 중이다. 내가 어머니보다 더한 사람이라는 증거이다. 옆에 풀숲에 열매 맺었던 박은 얼마나 컸을까 들춰봤더니 매달린 채 썩어있다. 습기가 있는 풀 속에서 박은 자라지 못하는 거였다. 그래서 햇빛과 달빛을 담뿍 받는 지붕 위로 올라가서 열리고 둥글어지고 그랬던가 보다. 흥부전에 나온 박꽃과 박은 달빛이라는 연금술사의 그릇이었던 것이다. 박에서 쏟아진 금은보화가 사실은 햇빛과 달빛이었던 것이다,

애호박

...

아기 강아지 너덧 마리와 내가 앞서거니 뒤서거니 하며 앞을 향해 신나게 뛰어간다. 검은색 강아지도 두세 마리가 있다. (2023년 8월 16일)

지난달 누워서 힘이 하나도 없던 큰 개 꿈을 꾸었는데 그 개가 아기를 낳은 것이라는 상상을 해봤다. 아기 강아지들과 앞을 향해서 기분 좋게 달리고 있어서 왠지 안심이다.

어제, 호박을 딸까 망설이며 오저서 쳐다봤던 생각이 나서 아침에 일어나자마자 창문으로 호박을 찾아보니 안 보였다.

나가봤더니 호박이 하나 떨어져서 으깨져 있는데 다른 하나
는 아무 데도 없었다. 고양이가 올라타서 발톱으로 긁어 떨어
뜨려서 생것을 먹었나보다 싶었다. 엊저녁에 호박을 하나
따서 된장국을 끓였는데 호박 맛이 너무 좋았다.

　생것도 맛있나 보다. 어디로 굴려서 갖고 갔나, 맛있어서 형체도
없이 먹어버렸나, 깨진 건 배불러서 먹다 둔 건가….

　기분이 찜찜하고 불길하기까지 했다. 일주일도 못 지내고
어머니가 아버지 못 보겠다고 난리법석이 나서 어제 오후에
다시 요양병원으로 보내고 난 후였기 때문에 죄책감이 있었
다. 나쁜 짓을 했으니 벌을 받을 것 같은 기분인데 역시나
두 개 달렸던 호박이 없어져 버렸구나 싶었다.
　오전 수업을 하고 집에 왔는데 믿기지 않아서 다시 호박이
떨어졌을 법한 위치에 가서 없어진 호박 하나를 찾아봤다.
문득 고개를 들었는데, 짜잔, 호박이 하나 달려있었다. 아니
아침에 틀림없이 없었는데 호박잎에 가려졌었나 하며 넓적
한 잎을 들어 일부러 가려봤는데 가려지는 위치도 아니었다.
아침에는 하다못해 옆집 아줌마까지 의심하려 했었다. 아줌

마가 그저께 마주쳤을 때 "호박은 따야 되것고, 박은 좀 놔둬도 되것고, 박이 이쁘게 열렸드만…" 해서 아니 남의 집 마당을 어찌 그리 다 봤을꼬, 나도 몰랐던 박 열린 걸 보고 있었네 싶었다.

돌아온 호박에 기분이 좀 풀린 나는 그래 하나는 안 없어졌으니 다행이어서 남은 호박 하나만큼 마음이 풀렸다. 요즘 우리 마당에 내 마음에 나쁨과 좋음이 바뀌며 뒤죽박죽된 것처럼 호박하고 박이 갑자기 나타났다 사라졌다 난리도 아니다. 모든 일이 내 마음이 일으키는 조화이다.

적당한 크기가 된 호박을 따서 들고 고민하다가 어머니 집에 갖고 갔다. 내 마음을 잘은 모르겠지만 내가 소중하게 여기는 보물을 어머니한테 보여주고 싶은 어린애 같은 마음인 것 같았다. 어머니라는 이미지에 대해서 내 안의 아이는 아직도 포기가 안 되는 모양이다. 내가 심어서 열린 호박이라며 자랑했더니 반씩 갈라서 먹자고 한다. 솔직히 다 주기가 아쉬웠는데 잘되었다 싶어서 반으로 갈라서 큰 쪽을 가져왔다. 된장국을 끓일 것이다.

호박꽃이 많이 피기는 하는데 다 떨어져 버리고 호박은 다시 다섯 개가 달려있다. 잘 클지 모르지만, 또 보니 손톱만

한 작은 열매가 더 보여서 여간 반갑다. 박은 열매를 많이 맺는데 계속 작은 상태에서 썩어버린다. 반대편 매화 가지에 매달린 박 하나는 클 것 같다. 풀밭이 습해서 박이 자라지 못하는 것을 처음 알게 되었다. 호박은 풀밭에서 크는 걸 많이 봤는데, 비슷하리라 여긴 박은 전혀 다른 성질인 것 같다. '그래서 그렇게 지붕으로 올라가서 열렸구나', 이해를 하는 중이다. 우리 집 마당이 유난히 습해서 못 견디는 건지도 모른다. 우리 마당은 빗물도 잘 안 내려가고 비 온 후에는 며칠째 젖어있는 곳이기 때문이다. 달빛이 말릴 수 없는 습기는 박을 자라지 못하게 하는가 싶다.

아침마다 일어나서 찾아보는 호박은 날마다 자라는 게 아니라 시간별로 쑥쑥 자란다. 아기 주먹만 하게 클 때까지는 조금 더디지만, 그다음부터는 돌아볼 때마다 확연하게 크기가 달라져 있는 것이 보인다. 장마 끝나고 햇빛에 호박은 여기저기서 무럭무럭 크는 중이다.

마지막으로 방울토마토도 따고, 시든 나무는 뽑아버렸다. 아침에는 호박잎을 쪄서 된장에 싸 먹었다. 새로 큰 호박 하나와 꺾어놓은 호박잎은 또 어머니한테 가져다줄 작정이었는데 안 먹는다고 가져오지 말라고 한다.

죽은 친구

• • •

병이 들어 투병하다가 2년 전 죽은 친구를 만난 꿈이다. 뭔가 이야기도 하고 공부도 했는데 잊어버리고, 마주한 그녀의 얼굴만 크게 보이며 잠에서 깼다. (2023년 8월 28일)

죽은 사람은 중요한 이야기를 상기시키고 알려주기 위해서 꿈에 나타난다고 한다. 투병을 하고 있는 줄은 알았지만 씩씩하게 잘 지내는 걸 보았는데 길에서 마주친 친구의 남편으로부터 소식을 듣고 황망했었다. 그 듣기 싫던 잔소리도 그립다는 친구 남편의 쓸쓸한 목소리를 들으며 헤어졌다.

알뜰하고 부지런하던 그녀는 살림과 종교 생활을 무척 열심히 하는 사람이었다. 아마도 그녀에게서 내가 들어야 할 말은 '혼자 다 하려 하지 말고, 흐르게 내버려 두라'는 말이란 생각이 들었다.

제프 포스터(Jeff Foster)의 책에서 발견한 '통제'라는 낱말이 떠올랐다. 죽음에 대해 생각하며 관련 서적을 읽고 있다는 내 말을 듣고 나의 상담자가 그랬다. "죽음까지 통제하려 하네요." 알 것 같은 그 말에 무색해져서 일단은 살자 싶어서 죽음에 대한 책을 읽는 것을 그만두었다.

"감정이 우리를 고통스럽게 하는 것이 아니라 그 감정에 대한 저항이 고통스럽게 만든다"는 익숙한 구절에서 '저항'을 '통제'라는 말로 대체해보니 더 이해가 되었다. 우리는 마음대로 할 수 없는 세상일을 내 입맛에 맞게 통제하고 싶어서 바쁘고, 통제가 되지 않아서 고통을 느낀다. "어떤 순간에 필사적으로 추구하는 자가 되는 이유는 우리 내면의 나약함과 무력감이라는 느낌에서 벗어나기 위해 절박하게 통제하려 하기 때문"이라고 제프 포스터는 설명하고 있다. 자신의 무력함을 느끼지 않기 위해서 다른 사람이 나를 폭발하게 했다고 비난하여 상대방을 아프게 하는 걸로 해결한다는 것이다. 여기서 사용하는 통제라는 말이 에크하르트가 말했던 '고통체'(Pain Body)의 모습을 구체적으로 설명해주는 것 같다.

계단에서 무릎이 꺾이며 미끄러져서 발목을 다쳤을 때도 병원에 안 가고 그녀의 집으로 벌침을 맞으러 갔던 생각이 났다. 벌침은 살아있는 벌의 독침을 몸의 아픈 자리에 찔러서 독을 주입하는 시술이다. 죽을 만큼 몸이 아프면 몰라도 맞는 게 너무 어렵다고 소문난 벌침이었다. 통제하지 말라는 건 이기적인 자아에게 벌침만큼 견디기 어렵게 아픈 충고가 될 수 있다. 에고의 소견으로는 너무나 내가 옳기 때문이다. 통제는 너를 비난하여 내 무능력을 네가 느끼게 하는 방법이라는 것이다. 받아들이지 못하는 그 순간의 나조차 받아들일 수 있을 때 삶의 희생자에 머물지 않고 희생자에서 벗어나려 애쓰는 근원적인 나를 발견할 수 있다는 것이다.

내가 다친 발목을 끌고 치료를 위해 그녀의 집으로 찾아갔던 것처럼 꿈속으로 그녀가 와 주었다. 담담한 표정으로 자신이 죽음으로 받은 치유를 나에게 전달해주고 싶었을까.

어머니의 나쁜 점이라 여긴 것들이 내 나쁜 점과 똑같다는 걸 계속 알아가게 된다. 이상적인 지식과 살아내야 할 현실을 혼동한 어머니는 자기가 그렇게 훌륭하게 살고 있다고 착각한다. 어머니의 이상 안에서 자신은 부유하고 정직하고 옳기 때문이다. 나도 영성에 관한 책을 읽으면서 그 지식을 내가 조금이라도 실천하는 줄 알았던 오해와 분열이 심했다. 어머니와 나는 똑같이 이상과 현실의 괴리라는 병을 앓고 있었다. 어머니를 부정하고 비난하면서, 좋은 것은 나이고 나쁜 것은 어머니라고 분열시키는 것도 나를 보호하기 위한 방법이었다.

어머니와 나는 삶을 자기 마음대로 끌어가려고 모든 에너지를 쏟는다. 그것이 가능하다고 믿는다. 그러나 어머니와 나의 시도는 단 하나도 마음대로 되지 않는다. 해답은 '나의 무능력과 무력함을 받아들이기'이다. 받아들임은 하느님의 전능하심을 믿고 순종한다는 다른 말이다. 내 힘으로 단 하나도 이룰 수 없고 어떤 상황도 해결할 수 없다는 걸 알아가고 있다.

늘 혼자 생각하며 놀라지만 슬쩍 피하는 사실이 있는데 내 어머니의 이름이 '근원'이다. 거짓말이 아니고 실제 호적상 이름이 '장근원'이다. 그래서 더욱 나의 근원이 어머니라는 것을 알고 있었다. 이제까지 어머니의 이름이 근원이라는 것이 나에게는 엄청난 참사였다. 언젠가부터 근원이라는 중의적인 상징을 받아들일 수밖에 없도록 삶은 흐르고 있다, 원래 가야만 하는 길이어서 삶은 도도하게 근원을 향하여 흐르고 있는 중이다.

한 달 살기

● ● ●

오래된 성이 있는 외국에 부부 동반으로 여행 가서 한 달 넘게 살아보기를 하였다. 떠나기 전 마지막 날이다.

친하게 지내던 여자 세 명이 동네를 돌아보다 각자 자기가 살던 곳으로 떠나야 해서 아쉬워하며 헤어진다. 혼자 돌아가는 길에 시장이 서 있고, 초록색 천으로 만들어진 납작하고 둥근 열매 모양을 초록색 줄에 달아놓은 장식품을 파는 곳을 발견한다. 딸에게 줄 선물로 사려고 한다.

그 초록색 물건을 만들어 파는 주인 여자는 특별한 사람이어서 선물 받을 사람의 마음을 느낀다고 한다. 주인 여자가 우리 딸이

서운하겠다며 서럽게 운다.

여행용 가방이 터질 것처럼 물건을 많이 넣어서 다친 발로 들수가 없어서 도와달라고 남편을 부른다. (2023년 8월 30일)

아이들이 어릴 때 모습으로 놀고 있는 집이다. 딸이 어느 외국 여자의 혼령에 빙의되었다며 앉은 채로 공중으로 떠오르며 놀고 있다. 그러고 있는 딸도, 보는 나도 놀라지 않고 일상으로 받아들인다. 네 식구가 누워 잠을 자는데 오른쪽에 누운 남편과 내가 잠이 깬다. (2023년 9월 1일)

그저께 오른쪽 네 번째 발가락을 다쳤는데 꿈에서도 발가락을 다친 상태이다. 나무 식탁 의자 모서리에 야무지게 부딪혀서 퍼렇게 부어올랐다. 정형외과에 갔는데 골절은 아니고 힘줄이 다쳤다고 약을 주었다.

맨발로 다니다가 발가락을 몇 번 부딪히면서 실내화를 신고 다녀야지 했는데 결국 크게 다친 것이다. 머릿속에서 어떤 생각들이 오가기 시작하면 발 쪽은 느낌 없이 아무렇게나 걷는 것 같다. 거의 바닥을 딛는다는 걸 잊어버리고 휘적휘적 다니는 느낌이다. 새삼 발을 자주 다친다는 생각이 들었고,

아래를 잘 쳐다보지 않고 떠다니듯이 다니는 것 같았다. 항상 하는 생각인데 바닥을 잘 딛고 발이 바닥에 닿는 감각을 챙길 필요가 있다. 바닥을 느끼는 감각 연습은 정서적 안정을 꾀하는 방법이기도 하다. 어쩌다 한 번씩 다쳐서 각성하는 것은 습관이 되기에는 역부족이다. 거기다 나는 발바닥 아치가 일반적이지 않게 너무 깊게 패여 있기도 하다. 조금 둥둥 떠다니는 게 편한 발인 것이다. 그래서 동작치료 작업할 때 자유롭게 움직이라 하면 재깍 발꿈치를 세우고 발가락으로 서서 다닌다.

당신의 발은 땅에 있고 머리는 공중에 있는가? 안 된다. 그것은 정신의 분열을 의미한다. 오히려 당신의 머리를 발에 놓아라.

꿈 상징 사전에 쓰여 있는 말이다.

꿈에서 공중 부양은 특별한 재능을 뜻할 것이다. 우리 딸의 재능은 노래, 춤, 글쓰기 등 많았는데, 나의 재능은 요즘에 발견한 글쓰기 단 하나이다. 글을 쓰면서 우연처럼 일어나는 통찰과 변화의 시간들이 실제로 이어져서 감사하다.

꿈에 나타난 초록색은 요즘 우리 집 마당에서 활기차게

자라는 자연의 색으로 풍요로움을 떠오르게 한다. 색채심리에서는 노란색의 아버지적인 요소와 파란색의 어머니적인 요소가 합쳐져 부모의 원형을 대변하는 색이라고 말한다.

초록은 밝고 희망찬 색이지만 불가피하게 죽음과 연관된다. 봄에 피어난 모든 녹색은 결국 가을이 되어 떨어지고 퇴색되기 때문이다. 그래서 꿈 상징에서는 내 무의식, 안 보이는 곳에 부패하고 있는 것을 찾아보고, 의식의 밝은 빛 속으로 가져와야 되는 숙제가 있다고 말한다.

미술치료에서 합동화合同畵의 투사를 공부할 때 보면 녹색을 쓰는 사람들은 내성적인 모습을 보일 때가 많다. 그러나 그림을 완성하고 나서 보면 그림들에서 녹색이 광범위하게 많이 색칠된 것을 발견하게 되어 놀란다. 일부러 자신을 내세우지 않는 것처럼 보이지만, 자기만의 세계를 주장하는 사람들 같다. 녹색은 확실히 자연의 자유스러움과 아울러서 무법자적인 에너지를 보여준다. 나도 합동화 작업을 하면 녹색을 쓴다.

우리네 삶도 낯선 곳의 한 달 살기처럼 지구에 왔다가 돌아가는 것이란 생각도 들었다. 요즘 날마다 호박넝쿨과 박넝쿨을 보며 열매가 맺혔나 찾아보고 얼마나 자랐나, 쳐다

보는 게 은근한 즐거움이었는데, 꿈에서는 넝쿨에 달린 열매 모양 장식물을 산다. 만들어서 파는 여자의 서럽게 우는 마음이 내 서러움과 겹쳐서 꿈을 기억하면 다시 서러워진다. 내 서러움을 내가 감당하지 않고 딸한테 몽땅 물려줘 버린 것을 생각하면 나도 다시 서럽다. 그러나 꿈에서 울음은 에너지를 해소하는 방식이고, 나를 돕는 행위로 작동하고 있다고 말한다. 의식 대신 무의식에서 울어준다는 뜻인가 보다. 나의 억압된 감정을 풀어주고 전환시켜 주는 작업이 꿈속에서 일어난 것이다.

아무도 사랑하지 못해 아프기보다
열렬히 사랑하다 버림받게 되기를

떠나간 막배가 내 몸속으로 들어온다
_ 김선우 〈목포항〉

우연히 읽은 짧은 시가 버림받을 게 두려워서 손 내밀지 못했다는 자각을 다시 하게 한다.

불을 켜야 한다

• • •

한쪽이 절벽이고, 구부러진 산길을 앞선 차와 연결되어 뒤따라
운전하여 가고 있다. 갑자기 캄캄해져서 차는 계속 가는데 주위
가 안 보인다. "불을 켜라고 해." 앞에 가는 사람에게 내가 소리친
다. 그런데 이 길은 실제가 아니고 실내에 만들어진 아이들이
노는 장소라는 생각이 든다. 자동차도 아이들 타는 뚜껑이 없는
장난감 차다. (2023년 8월 25일)

강원도에서 일 년간 남편이 군의관으로 복무할 때 서울로
나오기 위해서는 버스를 타고 절벽이 있는 산길을 구불구불

지나다녀야 했다. 버스 안에서 보면 곧 굴러떨어질 것 같아서 너무 무서웠던 기억이 있다. 깊은 산골이어서 주말이면 심심해서 서울 나들이를 해야 하는데 항상 무서워하며 버스를 타고 다녔다. 그때 큰 아이가 세 살이었고, 나는 서른 살이었다.

불을 켜라고 소리치면서 놀이동산이라는 걸 깨닫는다. 사람으로 한평생 사는 것을 '소풍'이라 표현했던 시가 생각났다. 지금 나는 어둠 속에 있다. 불을 내가 안 켜고 누구한테 켜라고 시키는 건지 모르겠다. 나는 지금 어둠 속에서 놀이터라는 걸 자각했지만 아직도 두려워하며 불을 켜달라고 호소한다. 스스로 떨치고 일어나서 그곳을 벗어나는 용기는 내지 못하고 있는 모습이다. 환상과 실제를 구분하지 못하고 있다.

요즘 자다가 어깨가 아파서 깨기를 반복하다 신경안정제를 처방받아 왔다. 약을 아직 사용하지는 않았지만 자다가 오른쪽 머리가 쑤시고 속도 불편하고 자다가 핑 돌며 어지럽기도 했다.

어깨에 무거운 짐을 지고 있다는 피드백을 많이 받는데 그것은 삶이 주는 짐이 아니라는 해석을 들었다. 신은 삶에 무거운 짐을 준 적이 없어서 기쁨으로 지는 짐만 있기 때문이다. 어깨가 아프다면 그것은 신경증이고 비합리적 불안이라는 것이다. 요양병원에서 아버지가 내게 전화할 때마다 어깨가 아파지는 것 같다. 주어진 현실을 못 받아들이는 것은 아버지의 문제가 아니라 내 문제라는 것을 머리로 알기는 안다.

어깨도 쑤시지만, 평소에 위가 안 좋아서 소화에 문제가 있다는 사실이 새삼 생각이 났다. 저녁밥을 먹고 피곤하다며 바로 누운 게 문제였구나. 내 몸을 내가 잊어버렸다 싶어서 저녁을 안 먹어야지 하고는 또 많이 먹고는 바로 누웠다. 악순환인 게 피로하고 어지러우니까 먹어야 할 것 같고, 잠도 일찍 자야 할 것 같고, 아침에는 속이 더부룩해서 피곤하다.

습관적으로 저녁을 먹고 몸을 뒤척거리다 꿈을 꾸었다. 후배라 여겨지는 어떤 여자가 누워있는 내 위로 자신의 몸을 던져 짓누르듯 뒹굴거리는 꿈이었다. 나중에는 후배가 딸의 모습으로 변했다. 무게가 느껴지진 않았지만 잠결에 "정말 몸이 불편하구나, 먹고 자면 안 되겠구나" 중얼거렸다. 저녁을 먹고 자면 죽겠다. 살고 싶으면 저녁을 굶고 운동을 해야 한다고 꿈인지 잠결인지 계속 생각했다. 내가 소화하지 못하는 것, 수용하지 못하는 것, 직면하여 만나기를 거부하는 것들이 사람으로 나타나서 내 몸을 짓누르는 것 같다.

꿈속에서 내 몸에 몸을 던져서 뒹굴던 여자들은 죄책감과 우울감 그런 심리적 상태를 말한다는 생각도 든다. 느낌을 직면하지 않으려고 몸을 학대하는 것이다. 몸이 아프면 마음 아픈 것은 잊어버려도 되기 때문이다. 음식을 먹는 꿈은 영혼의 자양분을 의미하기 때문에 음식을 먹어서 아픈 꿈은 영적 성장이 아픔 없이 일어나기 힘들다는 의미일 수도 있으니 살펴보라고 한다. 내가 알아야 할 지혜나 교훈을 알아듣지 못하고 있다는 말이다.

다음 날은 저녁을 굶고 요가도 하고 걷기도 해서 잘 자고 개운하게 일어났다. 그런데 또 그다음 날은 한 달 전에 잡힌 저녁 약속이 있었다. 조금만 꼭꼭 씹어 먹기로 결심하고 출발한다.

"당신이 미래에 얻으려는 것은 무엇인가요?"라는 질문은 "당신은 바로 지금 무엇을 피해 달아나고 있나요?"라는 질문과 같다는 바이런 케이티의 말이 오늘 들린다.

보석과 빨랫감

• • •

빨랫감과 옷을 담은 보따리 서너 개와 여행용 가방 큰 것 두 개를 들고 층계를 한층 올라가서 엘리베이터에 타려고 한다. 부모님 집에 가는 중이다. 남편이 엘리베이터에 짐을 다 실어버린 걸 보며 여행용 가방 두 개는 내 빨랫감이라고 집으로 가져갈 거라고 다급하게 외친다. (2023년 9월 9일)

음식점에 갔는데 혜주가 다른 방에서 장신구를 판다고 한다. 나는 초록색 보석 반지와 만다라 문양 같기도 하고 종교적 상징으로 보이는 둥근 원 안에 그림이 그려져 있는 팔찌를 고른다. 가격

을 말해주지 않아서 염려가 되나 비싸도 값어치가 있다는 생각을 한다. (2023년 9월 10일)

내 빨랫감을 부모님 집으로 안 가져가고 구분한 것이 다행이고 마음이 놓인다. 몇 년 전에 '세탁기 속에 책이랑 걸레랑 빨래가 섞여 있어서 분리하는 것이 급선무다' 생각하던 꿈이 떠오른다. 그때 꿈은 어머니는 돌아가시고 아버지가 배고프다고 해서 일 층으로 내려오니 빨래가 가득 찬 세탁기가 있었다.

이번 꿈에서는 빨래랑 옷이 가방과 보따리에 야무지게 잘 분류되었다. 여전히 부모 집으로 가져가려는 가방을 내 빨래여서 안 된다고 외치는 내가 있다. 너무 다행이다. 빨랫감은 여성으로 삶을 기꺼이 받아들이는 의미도 있지만 삶에서 겪은 오염된 정서에 대한 상징이기도 하다. 빨래와 옷들이 무지 많아서 도움받지 않으면 들고 갈 수 없을 정도이니 욕심내며 오해하고 산 결과의 보따리가 크고도 많다 싶다. 배고프다고 하는 아버지 밥을 주려고 층계를 내려왔더니 세탁기에 빨랫거리가 가득 있던 삼 년 전 꿈이 미리 일어날 일을 알려준 꿈이었다는 게 오늘 이해된다.

옷도 당연히 사회적으로 나를 보여주기 위해 치장하고 약점을 감추는 데 쓰인다. 여행용 가방은 떠나는 용도여서 현실에서 필요한 변화를 하기에 적합한 때라고 해석된다. 내 빨랫감이 들어있는 가방이니 오염된 정신과 정서를 스스로의 책임으로 받아들여 깨끗하게 할 때라는 의미일 것이다. "준비가 되었다고, 이제는 내 짐을 남에게 미루지 않고 내가 챙길 수 있다"고 꿈은 말하고 있다.

저번 날 장례식에서 혜주를 만났을 때 십 년도 넘게 미루던 결정을 내렸다는 이야기를 듣고 지지해주고 싶었다. 그동안 아들이 검정고시를 보고 좋아하는 사진 작업을 찾고 대학까지 갈 수 있도록 헌신을 다하는 것도 보았다. 그 과정을 알기 때문에 정말 뿌듯하겠다고 생각했다. 혜주의 헌신적인 마음이 보석 같아서 내가 사서라도 갖고 싶은 모양이다. 남편이 외국에 있어서 도움을 못 받고 혼자서 아이들을 성장시킨 그녀가 대단해 보였다.

스님의 목탁 소리에 맞춰 어머니가 잘 가시도록 경을 외우는 걸 보면서 인사를 못 하고 나왔지만, 그녀의 삶이 더욱 풍요롭도록 응원한다.

또한 나도 그와 같이 애썼으니 같은 지지와 응원을 나에게도 보낸다. 둥근 반지와 팔찌는 온전한 것을 의미하고 말 그대로 반짝이고 완전한 자기의 상징이다. 어쩌면 지금까지 무시하거나 억압되었지만 온전함에 가까워질 수 있도록 돕는 나의 어떤 부분을 의미한다는 설명이 마음에 닿는다. 십여 년 긴 시간에도 아들을 놓지 않고 믿어주던 혜주의 헌신적인 모습이 내가 배워야 할 태도인 것 같다.

그러고 보니 중학교 때부터 집에만 틀어박혀 있던 그 아들이 외출을 시작한 것이 디즈니 영화 〈겨울왕국〉을 보고 나서였다. 〈겨울왕국〉을 좋아하는 사람들 모임에 가고 싶어 해서 19살 아이를 혜주가 서울과 부산으로 데리고 다녔었다. 얼음으로 만들어진 성에 스스로 갇힌 공주가 밖으로 나오는 장면이 아이를 자극했던 것일까. 이야기의 힘이 대단하다는 것을 다시 생각하게 되고, 기꺼이 다 큰 아이를 데리고 전국을 다니던 어머니도 그때 아이와 함께 진짜 외출이 시작되었을 것이다.

우아한 부엌

●●●

도애 선생님네 우아해 보이는 부엌이다. 태옥 선생님이랑 같이 타원형으로 크고 근사한 접시에 특별한 뷔페식 음식을 담는 중이다. 그곳에 오기 전에는 가게에서 프릴이 달린 초록 스커트인지… 옷을 골랐다. (2023년 9월 11일)

요즘 꿈에 나오는 색은 모두 초록이다. 초록 장식, 초록 보석, 초록 스커트. 초록은 자연의 색깔이며 풍요의 색깔이고, 개인적 성격의 새로운 발달을 나타내기도 한다. 또한 자연의 섭리에 따라 죽음과 부패를 품고 있는 색깔이어서 혹시 어디 아픈지도 보라고 하는 색깔이다. 말 그대로 피고 지는 생명을 품고 있는 자연의 모습을 나타낸다.

부엌은 여성들이 현실에서 공헌하는 장소이고, 불과 물을 이용하여 색다른 음식을 만들어 내는 연금술적인 장소이다.

도애 샘과 태옥 샘은 자기의 분야에서 성취를 이룬 심리치료사이다. 나의 개인 상담자였으며, 성실하고 뛰어난 분들이다. 선생님과 함께하는 건 자랑스럽고 감사한 일이다. 2년 전에 식당에 가서 식탁에 앉지 못하고 바닥에서 밥 먹던 꿈과 연결되는 꿈이다. 식탁에 앉으라고 하는데도 다른 손님에게 양보하며 식탁에 앉지 못했었다. 요즘 꾸는 꿈들은 이전의 꿈과 다르게 머뭇대거나 돌아서지 않고 주어진 일을 해내는 모습을 보인다.

음식은 몸, 마음, 영혼이라는 인간 존재의 생존, 건강, 정서에 필요한 것이다. 또한 지금까지 배제되어왔던 기본적 욕구에 대한 성취를 위해 필요한 자양분이다. 아니면 마음속으로 소화시켜야 할 무엇이 존재하고 있는가 생각해 볼 필요가 있다. 먹은 것이 흡수되어 몸을 이루는 것처럼 자신의 정신 속에 적극적으로 받아들일 필요가 있는 어떤 생각이나 태도일 수 있다.

어머니에 대한 감정이 객관화되며 조금 편안해지자 힘든 어머니들이 내게 상담을 신청해 온다. 항상 힘들어하는 딸들이 찾아왔었는데 올여름을 전환점으로 어머니들이 상담하러 온다.

유방암 1기 수술을 했다는 60살 옥경 씨는 죽음에 대한 두려움에 휩싸여서 왔다. 아기 때부터 혼자 버려져 있던 자신을 대면하면서 슬퍼하더니 풀린 것 같다고 했다. 다시 와야 된다고 했는데 그날 다 나은 줄 알았다며 몇 주가 지나서야 다시 왔다. 가슴이 답답하여 위장약을 먹지만 소용없다고 했다. 그런데 잠결에 "너의 병은 화병이다" 하는 목소리를 새벽에 들었노라고 했다. 다른 말을 할 필요가 없었다. "화에 대해서 이야기해 보고 느껴봅시다. 화나는 대상에게 무슨 말이 하고 싶은지 다 외쳐봅시다" 했다.

"큰아들이 아버지 같은 사람이랑 왜 결혼해서 자기를 낳았냐고 죽고 싶다 했어요. 그래서 아침에 시어머니랑 살고 있는 남편한테 전화해서 '내가 당신에게 무릎을 꿇고 빌 테니 당신이 아들한테 잘못했다 빌면 안 되겠냐' 했어요."

"아들한테도 성질나고 남편한테도 화난다면서, 그건 화를 낸 게 아니네요" 했더니, "그러게, 내가 미쳤나 봐요" 한다.

그녀는 화가 나지만 자신의 화를 인정하고 화를 내는 방법을 전혀 모르고 있었다. 그녀는 너무 외롭고 취약해서 나쁜 관계라도 유지하고 싶어서 자신을 희생 제물로 삼는 방법밖에 모르고 있었다. 그리고 아마도 남편과 관계가 중요하고, 또 의존하고 싶어서 아이들까지 제물로 바쳤을 것이다. 그래서 그 집 아이들은 아프고, 불쌍한 엄마도 못 견디겠고, 폭력적이고 무책임한 아버지도 미워하는 것이다. 엄마의 무책임은 내면의 정서적 무책임이어서 그 집 아이들은 이유도 모른 채 좌절하고 스스로 학대할 것이다.

　　그녀 스스로 아들에게 잘못했다 무릎을 꿇을 일이었다. "너의 아버지도 나쁘고, 아버지의 폭력을 감수한 나도 잘못되었다. 싸우든지 헤어지든지 해야 했는데 하지 못했어. 미안하다." 그리고 남편에게는 허리에 손을 얹고 말해야 하는 것 아니었나? "내가 너무 외로워서 못된 당신을 놓지 못하고 살았어요. 당신은 아버지로서 책임감 있는 사람이 되어야 했는데 아무것도 안 했어요. 아이들과 내가 당신을 싫어하는 걸 감당해야 해요. 그리고 이제라도 우리 헤어져요."

　　가슴이 터져라 자신을 위해 울어야 할 것인데 그녀는 느끼지 못하여 죽어가고 있는 것이다. 그래서 그녀가 살아나기를 바라는 영혼은 "당신의 병은 화병이에요"라고 알려준 것이다. 그러나 그녀 자신은 그저 피해자이고 방관자이며 진실을 외면하는 자로 거짓되어서 불안에 떨며 고통받을 뿐이다. 그녀는 핍박받는 구원자의 거짓 환상에 동화되어 있다. 그녀의 모든 느낌들 깊은 곳에는 존재의 떨림과 한숨이 있다.

'나를 숨 쉬게 해줘, 내가 여기 있어, 나를 바라봐줘, 나에게 멈춰줘.'

그 후 그녀는 갑자기 상담을 하고 싶다고 전화를 했는데 시간을 맞출 수가 없어 만나지를 못했다. 그 뒤로는 소식이 없다. 지난 시간을 기꺼이 인정하며 홀로 존재한다는 것은 너무나 어려운 일이다. 나도 그런 어머니의 자식이었으며 또한 그런 어머니였다. 지금 나는 존재하고 있는가 생각하니 그녀의 죽음에 대한 두려움을 충분히 이해하지 못했다. 그것이 내 두려움이기도 했는데 피해버렸다. 나도 그녀 앞에서 존재하지 못했다.

기다리기

∙ ∙ ∙

또 일을 저질렀다. 꽃 피우고 열매 맺기 바쁜 호박 넝쿨 옆으로 박 넝쿨이 시들어서 갈색으로 변하고 있었다. 시든 줄기와 이파리가 나무에 주렁주렁 걸쳐서 지저분해 보여서 일요일 아침, 가지를 자르는 도구를 들고 나섰다. 넝쿨이 비슷한데다 가깝게 있어서 잘 쳐다보고 잘랐다. 자르고 나서 보니 나무에 걸쳐있는 호박 줄기와 연결된 줄기를 잘라버렸다는 걸 깨달았다. 망연자실이었다. 더구나 가지에는 애호박 하나가 크고 있는 중이었다. 좀 놔둬도 되는데 뭘 또 깔끔하게 정리한다고 나서서 잘 보지도 않고 잘라버려서… 망한 기분이었다.

애호박이 달려서 크고 있는 것이 금덩어리처럼 오지고 자랑스럽기까지 했는데 쫄딱 망한 기분이었다. 멀쩡하게 잘 사는 것을 왜 내가 못살게 굴까, 왜 잘되는 꼴을 보지를 못할까, 잘되고 있는 일을 중간에 들어서 까닭 없이 망치는 사람 같다. 잘되는 꼴을 못 보고 망쳐버린 어리석기 짝이 없는 인간 같다. 예쁜 동생들 때문에 내가 질투의 화신이기는 하지만 애호박까지 죽인다.

그래도 워낙 호박넝쿨이 튼튼한데다 줄기 안에 물기도 많이 머금고 있는 걸 봤기 때문에 며칠이라도 호박이 크게 놔두자 했다.

근데 딱 3일 후에 내가 없는 사이에 일찍 집에 온 남편이 쓰레기를 치운다며 널려진 박 넝쿨을 걷어 모으면서 남아있는 호박 넝쿨까지 잡아당겨 끊어버린 불상사가 발생한 것이다. 남편은 저질러놓고 알았는지 몰랐는지 말도 안 하고 있는데 깨끗하게 치워진 걸 본 내가 쫓아가 봤더니 애호박 세 개 달린 줄기가 끊어져 버리고 없었다. 내가 애초에 박 넝쿨을 잡아당겨서 늘어놓지 않았으면 남편도 이 일을 저지르지 않았을 것인데, 내 잘못이었다. 내가 치웠어야 하는데 호박넝쿨을 잘라버리고 힘이 빠져서 안 치웠던 것이 문제였다.

멀쩡하게 잘 크던 호박을 갑자기 뿌리와 연결을 끊어버리고 줄기만 놔두게 된 것이다.

열매를 잘 맺은 것은 당연히 삶의 결실을 의미하고 목표 달성을 의미할 것인데, 잦아서 못 크게 만들어 버렸다. 그래도 하나는 딸 때가 되어서 다행이었는데 두 개도 조금 아쉬운 대로 땄고, 나머지 두 개는 썩어서 저절로 떨어졌다.

다음 날 한숨을 내쉬며 소용없는 뿌리도 뽑아야지 하고 잡아당겼는데 아뿔싸 이건 또 뭐야, 나무 있는 대로 뻗었던 호박넝쿨은 내가 심은 거고 저쪽 울타리로 뻗는 호박은 다른 데서 굴러들어 온 호박인 줄 알았는데 그게 아니었다. 한 뿌리에서 따로 뻗은 줄기가 그렇게 또 무성했던 것이었다. 놀라서 뽑은 뿌리를 다시 땅속으로 파묻고 물도 주었다. 호박의 생명력이 또 이렇게 강하고 튼튼하고 번성하는 줄은 처음 알게 된 사실이었다. 마침 다음날은 비도 와서 염려가 없겠지, 안심하는 중이다.

내일은 또 들여다보고 뿌리에다 흙을 더 부어줘야 되겠다. 그쪽 줄기에 작은 호박도 새로 달린 걸 보았다.

마르고 시들어가는 나무는 영혼을 소홀히 하는 것이고,

죽어가고 있으니 돌아보라는 뜻이라고 했다. 식물의 삶과 죽음과 열매에 내가 자꾸 관여하려 한다. 자연스럽게 잘 자라고 죽을 때가 되면 소멸할 것인데 내가 더 좋게 한다고 끼어들어 난리법석을 떤다. 내가 내 영혼을 가만 바라보지 못하여 못살게 굴고, 열매도 못 자라게 자르고 치우고 하는 것 같아서 진짜 내가 무섭다. 몸 여기저기 아픈 것하고도 연관 있는 것 같고 쓸데없는 말을 하여 그르치는 일도 많고, 가만히 기다리는 것을 못 하는 모습이 절절하게 실감 난다.

그런데 정말 이렇게도 가만히 있지를 못하고 설친다는 말인가, 삶의 열매들을 크지도 못하게 망치고 있다는 말인가, 어머니를 보며 가만히 있지를 못하고 일을 만든다고 욕했는데 그 또한 나였던가 보다. 호박 줄기를 잘라버리고 3~4일간 아무 일도 일어나지 않은 것처럼 모른 척하는 나를 느꼈다. 속상함을 느끼지 않으려고 마당에 나가지도 않고, 바보 같다며 부끄러워하는 나를 느꼈다.

그래도 남편이 남은 줄기를 마저 뜯어버리는 잘못을 저질러서 조금 숨이 쉬어졌다. 나만 잘못한 게 아니어서 편안해졌다. 이전 같으면 남편한테 내 잘못까지 씌워 비난했을 것인데 이번에는 내가 한 짓에 너무 놀라고 호박이 불쌍하고 자라지 못하고 꺾인 열매의 의미가 안타까워서 아무 말도 안 했다. 늘 남편은 나보다 더 잘못을 크게 해서 내 잘못은 감춰진다. 천생연분이다.

한 달 전 적어놓은 꿈을 보다가 딸에게 선물하려던 초록 장식물이 다 이어지지 않아서 주인 여자가 울면서 팔 수 없다고 했다는 내용을 발견했다. 그러나 해결되기를 기다려 내가 다시 찾으러 갔다고 쓰여 있었다. 결과적으로 샀기 때문에 써놓고도 이어지지 않았던 부분은 잊어버린 모양이었다. 거기다 잠에서 막 깨어 쓴 글씨라서 휘갈겨 써서 잘 안 보이기도 했다. 자라기 시작한 호박 넝쿨을 보며 한참 즐거워하던 때의 꿈이었는데 장식품 줄이 이어지지 않았다는 내용이 깨알같이 숨어 있었다. 꿈 내용을 잘 인식했으면 줄기를 자르려고 했을 때 좀 더 신중하게 살펴봤을 것 같다는 생각이 들어서 아쉬웠다.

호박넝쿨이 잘 뻗고 호박도 잘 크고 했으면 나만 잘하면 된다는 해답을 이어갈 수 있었을까? 내 손으로 잘라버린 넝쿨처럼 깨우친 것을 실제로 이어가지를 못해서 괴롭고, 변화하지도 못하고 있다. 하느님의 뒤를 따른다는 것이 생각에서 멈추고, 내 멋대로 하고 싶어서 기다리지를 못한다.

쓰레기

●●●

넝쿨식물을 선물이라며 지혜가 화분에 심어서 준다. 줄기가 너무 길어서 둥글게 말아놓는다. 잎이 다 떨어져 있다.

앞에 보이는 가게가 이사를 한다. 아이스크림 통을 옮기는데 아이스크림 껍질 쓰레기를 구석에 슬쩍 던진다. (2023년 9월 16일)

변기에 밥알이 가득 차 있다. 그 위에 서 있는데 피가 뚝뚝 떨어진다. (2023년 9월 20일)

"쓰레기는 억압된 무의식의 내용들을 상징한다. 당신은 자신의 어떤 부분도 쓰레기처럼 대우해서는 안 된다. 당신 자신 안에 나쁜 것은 하나도 존재하지 않으며, 다만 당신이 자신을 대하는 방법이 나쁠 수 있다는 것이다.

쓰레기는 낡은 태도, 두려움, 죄책감 또는 지금까지 당신의 삶을 짓눌러 온 여러 가지 콤플렉스를 나타낼 수 있다. 또한 억제하고 억압된 무의식의 내용들을 상징한다. 그것을 철저히 숙고해야 한다. 성장에 필요한 귀중한 소재들, 정신적인 측면을 발견하게 될 것이기 때문이다."

쓰레기와 배설물 꿈이 지저분하게 느껴지고 더 생각하기도 싫어서 모른 척 버리려고 했다. 슬쩍 구석에 밀어 넣는 쓰레기는 다시 생각해도 창피하고 비겁하다. 그러다가 『꿈 상징 사전』에 쓰인 위의 설명을 읽다가 다시 버린 쓰레기를 줍듯이 꿈을 주워들었다. 스스로 나를 나쁘게 대하고 있을지도 모른다는 말도 중요했고, 성장을 위해 필요한 것들이 있는데 버렸을지도 모른다는 사실에 정신이 차려졌다.

쓰레기를 버리고 나서 찜찜하던 생각이 자꾸 난다. 결국 내 어떤 부분을 쓰레기처럼 안 보이게 발로 밀어 넣어버린 것이다. 버린 쓰레기가 다 보이던 생각도 난다.

아버지를 요양원에 보내는 역할을 하고 나서 죄책감에 시달리는 중이었다. 막대 아이스크림은 집에 갈 때 가끔 사서 아버지랑 나눠 먹었는데 요즘은 아버지랑 먹을 때는 안 먹는다던 어머니랑 둘이서 먹는다.

결국 부모와 연결된 죄책감에 관한 이야기이다. 내가 책임질 수 없는 부모의 삶에 대해 죄책감을 갖는 것은 과거와 미래를 사는 것일 뿐이고 현재에 존재하지 못하는 사람의 이야기라고 했다. 나는 부분이 아니라 내 존재를 쓰레기 취급한 것 같다.

배설물도 삶에서 제거할 필요가 있는 것을 나타낼 수 있다. 그것은 과거로부터 지금까지 정신에 해를 끼쳐왔던 것이다. 그것은 확실히 무의식 세계로 억압해버린 것이다.

배설물은 당신이 실수를 인정하지 않거나 경멸하는 것을 상징할 수 있다. 그것이 무엇을 나타내는지 정확하게 알기 위하여 잘 살펴보라. 배설물은 돈이나 더러운 이익을 상징한다.

얼굴이 저절로 찌푸려지는 화장실 꿈이지만 쓰레기의 의

미와 마찬가지로『꿈 상징 사전』에 쓰여 있는 위의 설명이 무엇보다도 중요한 이야기를 하고 있다는 자각이 들었다. 상징의 의미를 그대로 옮겨 쓴 것도 내가 받아들이기 어려운 기분의 꿈이어서 손댈 수가 없는 이유에서다. 인정하지 않거나 경멸하는 것이란 말도 훅 들어왔고, 돈이나 더러운 이익을 상징한다는 말에서는 두 손이 들어졌다. 꿈속 배설물은 아예 소화가 안 된 밥알로 되어있다.

진짜 소화가 안 된 상태에다 피가 그 위로 떨어진다는 건 무슨 의미인지 어렵다. 고혜경 선생님이 강의에서 피는 말 그대로 핏줄, 혈연의 문제라고 했다. 특히 여자들은 피가 내 영혼을 앗아가는 피인지 내 영혼에 힘을 주는 피인지 생각해 보라고 한다. 그리고 피가 보이는 꿈의 장면이 부담이 된다면 이 또한 죄책감의 문제라고 한다.

선물로 받은 식물도 낭패스럽다. 긴 줄기에 잎이 다 떨어지고 없기 때문이다. 설마 이 꿈도 죄책감 이야기는 아니겠지 했으나 죄책감인 것 같다. 지혜가 자기 욕구와 감정을 억압하는 이유가 부모에 대한 죄책감과 연결되기 때문이다. 잎을 달지 못하고 줄기로만 겨우 살아있다. 잎이 주는 풍요와 기쁨이 없다. 그저 줄기로 연명하는 목숨이다. 잎을 달고 세상과 교류하고 빛을 받아야 자기실현이 가능한데, 잎이 없다.

믿고 싶지 않지만 내가 싫어하고 보고 싶지 않은 그 사람이 바로 나의 구원자라고 알려져 있다. 내가 그에게 숨겨진 죄와 증오를 투사했기 때문이다. 내 마음의 지하실에 묻어두었던 죄책감은 증오하는 사람들 안으로 쓰레기처럼 슬쩍 밀어 넣어진다. 그래서 그는 내가 지하실에 무엇을 숨겨두었는지 알 수 있는 빛의 역할을 한다.

포로

...

내가 태어난 시골집이다. 부엌을 지나 뒷마당에 사람들이 포로
로 잡혀 있다. 나는 남자와 함께 있는 대여섯 살 아이 한 명을 구하
려고 한다. 실내로 옮겨진 포로들이 두 줄로 길게 마주 보는 긴
의자에 앉아 있다. 남자와 아이는 첫째 줄과 두 번째 줄에 있다.
넷째 줄에 저스디스가 포로로 있다는 소문을 듣고 찾아봤는데
안 보이고 다른 래퍼 두어 명이 보인다. (2023년 9월 17일)

요양병원에 있는 아버지를 내가 도울 수가 없는데 도와주
지 않는 것처럼 죄책감을 느낀다는 이야기를 나누고 돌아와

서 꾼 꿈이다.

어머니가 돌볼 수 없다고 거절하기 때문에 방법이 없는데 내가 요양원도 알아보고 입소도 시켰기 때문에 양심에 걸려 하는 중이었다. 병원에 적응을 잘해야 하는데 계속 집으로 가고 싶다고 사정하기 때문에 문제였다. 어머니가 돌볼 수 없는 불가피한 결과가 되었고, 그것이 내 짐이 되어 어깨가 무거워진 것이다.

포로가 되었던 꿈은 왕비와 아이가 적군에게 포로가 되었던 이전 꿈을 연상시킨다. 계모의 배신으로 탈출에 실패하는 꿈이었는데 자유롭고 싶다 하면서도 스스로를 속박하는 고통 받는 존재 방식으로 이해했던 꿈이었다. 배신하는 계모조차도 꿈꾼 사람의 자기 모습이라고 생각하면 결국 자신이 자신을 배신하여 가둬놓는 방식으로 이해했었다. 그 꿈과 연결하여 어머니와 아이가 마주 보며 앉아있는 꿈은 절대로 움직이지 않고, 문을 열고 나갈 생각이 전혀 없는 고집스러움으로 이해할 수 있었다. 그 또한 스스로 꼼짝하지 않고 갇힌 사람이 되어 있는 것이다.

두 사람이 대적하듯 바라보고 있던 그 장면에서 글을 쓰기 시작했고, 봄에서 가을까지 여러 가지 깨우칠 기회가 생겨서 자유로워졌다는 상상을 했었다.

그런데 이제 다시 아버지와 아이가 붙잡혀 있는 꿈이었다. 그러나 어머니와 아이 꿈과는 다르게 다른 사람들과 함께 자연스럽게 오간다. 감시하는 사람도 멀리에 한 명밖에 보이지 않고, 나는 마음대로 들어왔다 나갔다 하고 있다. 포로인 듯 포로가 아닌 듯 조금 아리송하다.

'저스디스'는 겉모습은 강하고 반항적으로 보이지만 속은 부드럽고 예민한 래퍼라는 생각이다. 강하게 지르면서도 깊게 마음을 파고드는 목소리가 매력적인 래퍼인데 그의 센 캐릭터와 동료를 디스하는 곡으로 인해 사람들과 부딪히고 적도 많이 생긴 것으로 보였다. 저스디스처럼 세 보이고 감정적인 나 자신의 모습이 포로를 빼내야겠다는 가짜 신념을 만들어서 포로는 아닌데 포로가 되어서 포로를 따라다니게 하고 있는 모양이다.

어머니와 버티고 있던 자리에서 비켜 앉았다 싶었는데 아버지하고 또 얽히는구나 싶다. 내가 걸어 나오면 되는 감옥을 스스로 다시 만들었다는 걸 알겠다. 이 꿈이 해결되면 나는 또 다른 사람과 갇혀 있는 꿈을 꾸겠구나. 옆에 있는 사람만 다를 뿐 영원히 누군가와 갈등하며 갇혀 있다고 여겨서 탈출하려는 꿈을 꾸며 살겠구나. 그리고 그건 아주 오래된 이야기인 모양이다. 내가 태어난 옛날 시골집이 배경이기 때문이다.

흔적

...

자주색 새 투피스를 입는 장면 하나만 남아 있다. (2023년 9월 20일)

부부 동반 모임이 우리 집에서 있어 여자들은 위층, 남자들은 아래층에서 지내다가 돌아간다. 모두 돌아가는데 중년 여자가 남아서 하루만 더 재워달라고 한다. 잘 빨았지만, 가슴에 얼룩이 남은 크림색 블라우스를 버려야 되나 살펴보고 있는데, 여자가 달라고 해서 주고, 내일 안 입는 다른 옷도 챙겨줘야겠다고 생각한다. (2023년 9월 23일)

자주색 옷은 동생들이 서울에서 보낸 옷인데 나한테 잘 맞지 않아서 고쳤는데도 못 입다가 계절까지 지나버려 보관한 옷이다. 가을에는 입어보려 생각하고 있었는데 꿈에서 그 옷을 입는다. 처음에는 새 옷을 입어서 새로운 페르조나를 뜻한다고 여겼는데 다시 생각하니 새 옷이지만 나한테 안 맞는 옷이라서 꺼림칙해졌다. 사회적으로 좋아 보이는 모습을 시도했으나 말 그대로 나에게 맞지 않는 옷이어서 실패했다는 생각이다. 나한테 어울리지도 않는 옷을 입고 효녀인 척하려다가 실패하고, 심히 고생하는 모습 같다.

그래도 자주색의 상징은 신비이다. 심리학적으로 심원한 직관이나 아직 탐험되지 않은 차원에 대한 이야기를 나타내는 색깔이라고 본다.

꿈에서 다른 사람이 낡은 옷을 입고 있다면 내가 무시하고 있거나 지하실에 감금해 두고 있는 자신의 잠재적인 어떤 측면이 있다는 것을 의미한다. 가슴 부분에 지워지지 않는 얼룩은 해결하지 못한 내 상처를 다른 여자, 어쩌면 어머니에게 넘겨주고 외면하려던 내 모습인 것 같다. 아니면 깨끗하게 빨았으니 최선을 다한 결과일까. 상처의 흔적은 어쩔 수 없이 남는다는 것일까. 지워지지 않은 흔적은 받아들이는 것만이 최선이란 의미일까.

돌아가지 않고 남아 있는 꿈속의 여자가 꺼림칙하더니 결국 교통사고가 났다. 상대방 트럭이 신호위반을 하며 달려온 바람에 생긴 사고였다. 신호 대기 직후에 막 출발한 참이어서 속력이 없었기 때문에 차만 부서지고 모두 몸은 다치지는 않았다.

상대 트럭에는 세 명이 타고 있었는데 신호 안 보냐고 두 번이나 소리를 질러도 조용해서 봤더니 모두 말을 못 하는 분들이었다. 운전한 아저씨와 옆에 아줌마의 수화를 보며 순간적으로 차에 머리도 부딪혔고 정신이 멍해졌다. 이게 꿈이라면 무슨 말을 하는 것일까, 현실이라는 실감이 안 났다.

직진 신호를 받고 앞으로 가는 나를 향해서 왼쪽을 부딪혀온 트럭과 말을 하지 못하는 사람들은 어떤 메시지를 보내는 걸까. 요즘 신호위반 법규가 강화된 이유로 나의 과실은 없다는 결과가 나오기는 했지만, 솔직히 내가 앞만 보고 옆을 보지 않았다는 도의적 과실은 있었다.

정지선에서 휴대폰 검색을 하다가 신호가 바뀌자 폰을 오른쪽 좌석에 던지며 출발했기 때문에 왼쪽을 볼 여유가 없었다. 정지선에서 폰을 안 만졌으면 일어나지 않을 사고일 수도 있었다.

일어날 일이 일어난 느낌이기도 했다. 여름 내내 비가 오면서 혼자 지내는 어머니는 나를 볼 때마다 "차 사고 난께 조심해라"고 했다. "뭔 일 날까 봐 무서워 죽겠다." 목소리를 떨며 말했다. '들어서 기분 안 좋을 말 자꾸 하지 말라'고 말하고 싶었지만 꾹 참았던 게 잘못이었다는 생각이 들었다. 일이 터지기를 바라는 주문같이 들리는 그 말을 하지 말라고 덧붙이기 싫어서 말 안 한 게 잘못이었다는 생각이 들었다. 어머니가 외우는 주문을 거절하고 차단하는 조치의 말이 필요했다. 차는 부서졌지만, 몸은 안 다쳤으니 어머니한테 사고를 숨길 수 있어 다행이란 생각이 들었다. "봐라 조심하란께" 하며 흥분하는 모습을 보게 될 것 같아서 숨겨야 한다는 생각이었다.

그러나 내 생각이 진실일까? 그렇게 재수 없는 말이라고 받아들이고 해석한 건 내 마음인 것이다. 본능적 악의가 있었다 해도 어머니 자신은 아무 생각 없이 자각하지 못하는 말이니 내가 저주로 받아들이면 안 되었다. 내가 본능적으로 습관처럼 나쁜 에너지를 끌어당기고 있는 것이다. 내가 투사하고 있는 것이다.

이틀 후 서울에서 〈프리다〉 연극을 보기로 예약되어 있어서 올라갔다. 교통사고로 인해 몸이 부서진 여류 화가를 보며 디에고 리베라는 그녀에게 상처가 있어서 더욱 완벽하다고 말해준다. 병상에 누운 그녀에게 거울을 매달아준 부모와 자신의 고통을 용감하게 맞대면한 프리다 칼로는 60점이 넘는 자화상을 그렸다. "행복한 외출이 되기를 바란다. 그리고 다시는 돌아오지 않기를 바란다." 죽음을 예감한 47세의 나이에 그녀가 쓴 마지막 일기이다. 멕시코에 가보고 싶다.

고모가 전화해서 요양병원에 있는 아버지에게 간식을 가져다주라고 하는데 민망한 마음에 성질을 부렸다. 갇혀 있다고 느끼고 있을 아버지를 생각만 해도 무서운데 보러 가는 건 더 두려워서 화가 났다. 고모는 나무라는 게 아니라며 다 이해한다며 도움을 주려는 거라고 말했다. 그러나 내가 아버지를 요양병원에 데려다 놓은 나쁜 자식 같아서 계속 다른 사람에게 화를 낸다. 갇혀 있다고 여기는 아버지와 나는 같이 갇혀 있는 중이다. 밖을 돌아다닌다 해도 내 마음은 여전히 포로이다.

동굴에 걸린 초록 옷

• • •

동굴 같은 어둡고 깊은 곳으로 계속 방이 연결되어 있다. 몇 개의
방을 지나쳐서 계속 들어가다가 벽에 걸린 어두운 녹색 투피스
가 마음에 들어서 입어본다. 옷을 파는 곳이다. 옷이 잘 안 입어져
서 속이 밖으로 나오고 윗옷을 먼저 입으려 했는데 치마인 것
같다. 친구랑 같이 들어간 것 같았는데 누구인지 생각이 나지
않는다. (2023년 10월 5일)

서랍을 여니 서랍 속에서 서랍 손잡이가 들어 있다. (2023년 10월 9일)

동굴은 빛이 비치지 않는 장소여서 어둡고 깊은 무의식을 말한다. 그곳은 무섭게 느껴지지만, 우리가 용기를 낸다면 무의식이 드러나도록 의식의 빛을 비출 수 있다. 동굴에는 사나운 괴물들이나 요정이 있다. 우리가 자기실현의 여정을 가기 위해서는 자신의 콤플렉스 상징인 괴물을 극복해야 한다. 죄책감, 두려움, 불안 등이 괴물 형상으로 나타나지만 무서운 괴물은 어린 시절에 만들어진 외상 경험인 경우가 많다. 의식에서는 감당할 수 없어서 억제되고 억압되어 무의식으로 숨어버린 것들이 괴물로 나타난다고 보는 것이다.

내 깊은 무의식에 해결이 필요한 숙제는 어두운 녹색 옷을 뒤집어 입은 모습으로 나타났다. 동굴에서 새 옷을 사서 입으려고 하지만 제대로 입어지지 않는다. 어린 시절 불편하고 불만스러웠던 기억이 이상하게도 모두 옷과 연결되어 있다. 네 살쯤에 검은색 바탕에 무늬가 있는 스웨터가 까끌거리고 검은색도 싫었던 것이 잊히지 않는다. 초등학교 입학 즈음에는 허리선이 엉덩이까지 내려간 원피스가 입기 싫고 창피했던 기억이 있다. 중학교 때는 내 마음에 맞는 옷을 고르지 못해 시장을 뱅뱅 돌며 같이 간 할머니 눈치와 가게 주인들 눈치가 보여 압박감을 느끼던 것도 생각난다.

이어서 옷은 스무 살 시절의 상처와 수치심과 열등감을 나타낸다. 옷으로라도 꾸며서 벗어나고 싶었던 내 수치심은 돈이 없어 옷조차 살 수 없으니 더욱 창피스러웠다. 거기에다 옷값을 달라고 하다가 결국 오른 손목까지 다쳤으니 자해 수준이었다.

요즘에 와서야 집에 가득 찬 옷을 보면 심란하고 옷을 그만 사야겠다는 생각이 든다. 옷 살 돈을 아껴서 우리 딸을 줘야지 결심한다.

작년에는 효녀로 보이기 위한 사회적 옷을 입은 나를 봐주지 않는 부모 앞에서 억울해졌고, 그 심정을 아무도 이해해주지 않아서 옛날처럼 절망했다.

흉한 괴물이 나와 날뛰어서 참담했다. 무의식의 괴물은 늙지도 않고 죽지도 않고 시공간을 뛰어넘는 것을 알게 되었다. 어두운 녹색 옷을 뒤집어 입은 괴물과 과연 내가 대화를 할 수 있을까.

'괜찮아, 너 사실은 슬픈 거였지. 혼란하고 힘들어서 죽을 것 같았지. 내가 네 편이 되어줄게. 내가 너의 마음을 알아. 괜찮은 사람이고 싶은 너의 마음도 알아.'

우리는 원하는 것이나 필요한 것을 찾을 때 서랍을 열게 된다. 그래서 서랍은 지혜의 원천으로 본다. 서랍은 문제에 대한 해답을 발견하게 될 내 안에 있는 어떤 장소를 상징하기도 한다. 서랍을 잘 열 수 있는 손잡이를 발견한 게 열쇠를 발견한 기분이다.

서랍 안에서 발견된 손잡이 고리가 요즘 내가 읽는 『거짓의 사람들』*을 말하는 것 같다. 요즘 책을 보면서 내 맹목적이던 고집과 신에게 복종하지 않던 태도 등이 선명하게 이해되었기 때문이다. 그것을 '고집 의지'라고 설명하니 백번 이해가 되었다. 어머니가 아니라 나였다.

내 모습을 투사해서 보면서 혐오하고, 또 혼란스러웠던 것이다. 스캇 펙은 복종할 줄 모르는 고집의 의지가 바로 악성 나르시시즘의 특성이라며, 사탄과 카인을 예로 들었다. 그들은 그리스도의 판단보다 자신의 생각이 옳다고 여겨서 하느님께 불복했다고 설명한다. 사탄과 카인이 하느님의 판단을 받아들인다는 이야기는 자신의 불완전함을 받아들여

---

* M. 스캇 펙/윤종석 옮김, 『거짓의 사람들 — 인간 악의 치료에 대한 희망 보고서』 (비전과리더십, 2007).

야 한다는 이야기였기 때문이다. 자기가 불완전하다는 건 있을 수 없는 생각이어서 복종은 불가능하게 되고, 반항과 타락은 필연이 되었다는 것이다.

어머니를 마주 보고 앉아서 고집부리며 꼼짝할 생각이 없던 꿈처럼 나는 교만과 나르시시즘에 사로잡힌 '고집 의지'에 사로잡혀 있었던 것이 확실하다. 내 고집이 어떤 고집이었는지 이해가 너무 잘 된다. 사탄과 카인의 계보를 잇는 사람 중 한 사람이 나였던 것이다. 한 치도 양보 없이 팽팽하던 어머니와 나는 서로의 거울을 보고 있었던 것이다. 어머니와 나의 이야기가 아니라 하느님과 나의 이야기였다. 하느님께 잘못을 빌고 '복종 의지'를 선택하는 것이 내 이야기의 결말이고 해답이다. 생각지도 못하게 뜻밖에도 하느님을 만날 수밖에 없는 이야기가 되어버렸다.

자유의지

• • •

    동생들과 같이 영화 〈당나귀 EO〉를 보았다. 그 당나귀의 여정이 슬프고 아름다워서 눈물이 났다. 영화는 받아들일 수밖에 없는 생명과 죽음의 변주여서 애절했지만, 영화를 설명할 수 있는 문장을 내 안에서 찾을 수 없다는 생각이 들었다. 그리고 집에 돌아와서 『거짓의 사람들』을 펼쳤는데 말라기 마틴의 글을 인용한 구절이 있었다.

    어느 순간, 그는 그 힘이 무엇인지를 알아차렸다. 자신의 의지였다. 자신의 자율 의지였다. 그는 자신이 자유로이 선택하는 존재임을 깨달았다.

〈당나귀 EO〉 영화의 마지막 장면에서 당나귀 EO가 도축
장에 스스로 들어가고, 처음에는 멈칫했지만 앞서서 들어가
기 시작한 이유를 설명해주는 문장이 있었다. 내가 설명할
수 없었던 문장이 거기에 있었다. 자신을 스스로 선택할 수
있는 존재라고 느끼는 고양된 순간 당나귀 EO는 자발적인
죽음을 선택한 것이다.

당나귀 EO는 자신을 사랑하던 카산드라가 부르는 목소
리가 죽음 너머에서 들린다는 것을 직감적으로 알았다. 카산
드라를 만나기 위해서는 죽어야 한다는 것도 알았다. 그래서
기꺼이 그 길을 선택한 것이 나는 이해가 되었다.

우리에게도 언제나 사랑을 담아서 이름을 부르는 신의
음성이 들려올 것이고, 오래된 기억 속의 주인을 찾으러 다니
기 시작할 것이며, 갈림길에서 선택도 해야 할 것이다. 선택은
삶의 여정에서 투쟁하게 하고 도망치게 하며, 고집하거나
복종하게 할 것이다. 내가 원한 적 없는 승리와 패배의 마스코
트 역할을 하게 되고, 깊고 어두운 밤에 늑대를 만나고, 죽음
을 이겨내고, 문이 저절로 열리고, 거대하고 하얀 물줄기가

위로 오르는 것을 보는 순간일 것이다. 우리를 부르는 음성은 어둠과 숲과 달과 그리고 도시에서 살인하고 도망치는 사람의 발자국 소리에 섞여서 들려올 것이다.

우리가 드라마와 영화 속에서 사랑에 빠진 사람들에게 심취하는 이유도 시공을 뛰어넘는 영혼의 사랑과 짝퉁이어서라고 한다.

말라기 마틴의 문장 속에는 당나귀에 대한 우화까지 있었다.

사실 이 시점에서 그는 중세의 당나귀와도 같다. 양쪽으로 똑같은 거리에 건초더미가 있으나 어느 쪽으로 가서 먹어야 할지를 결정할 수 없어 굶어 죽을 수밖에 없도록 되어 있다는, 중세의 철학자들이 공상 속에 그렸다는 그 '움직임을 잃은 무력한 당나귀' 말이다. 완전히 자유로운 선택, 그는 선택해야만 했다. 받아들일 수도, 거절할 수도 있는 자유, 어둠 속으로의 작정된 걸음…. 모든 것은 오로지 그의 다음 걸음에만 달려 있는 것 같았다. 오직 자신에게만….

변명

...

요즘 소화 데레사 성녀(Saint Therese de Lisieux)를 공부하고 있다는 친구가 '엘리베이터 영성'에 대해 이야기해 줬다. 충계를 오르느라 땀 흘리며 애쓰는 사람이 있지만 때맞춰 엘리베이터 앞에 선 사람은 쉽고 빠르게 하느님께로 도달한다는 이야기였다. 의자에 앉아 있는 엄마의 다리를 붙잡고 손을 뻗는 아기를 내려다본 엄마가 아기의 뜻을 알아채고 번쩍 들어서 의자 위로 올려주는 한순간과 같은 이야기라고 했다.

때가 맞춰진다면 하느님께 나아가는 길이 순간 이동처럼 이루어진다는, 영성이 도약하는 순간의 멋진 이야기였다.

"지금 그런 일이 일어난 것 같아. 방안에서 어머니랑 마주 보고 바위처럼 꼼짝 못 한다 싶었는데 갑자기 내가 길에 나와 있어서 놀라는 중이야."

"근데 직관과 감성으로 느낀 믿음하고 실천은 다른 문제인 것 같아. 사실은 어제도 어머니랑 싸웠어."

내 말을 듣던 친구가 이어서 한 이야기가 엄청 중요했는데 집에 돌아와 생각이 안 났다. 싸우는 게 습관이 되어서 어렵다고 한 나에게 해준 말이었고 '아하' 했는데 머릿속이 캄캄했다. 한참을 더듬는데 반짝하듯이 생각이 났고, '맞아' 하고 나서는 다른 일을 하다가 그 내용이 또다시 생각이 안 났다. 기억해 내려 해도 머릿속이 다시 캄캄했다.

가끔, 상담을 받을 때 '아하' 했던 깨달음이 그 자리를 나와서 깨끗하게 없어지는 경험을 할 때가 있는데 그 깨달음이 나에게 아직은 생소해서 받아들여지지 않은 이유로 해석했다. 정신을 밝히는 불이 순간적으로 켜져서 반짝했으나 온전히 받아들여 소화하기에는 아직 낯선 내용이어서 에너지 연결이 되지 않아 불빛이 꺼져버린다고 할까.

그때 친구의 말을 들으며 위안도 되고 공기의 흐름이 바뀌는 것 같이 뭐가 흔들했는데, '마지막에 한 이야기가 뭐였냐고 물어봐야겠다' 하는데 다시 반짝하며 머릿속 불이 켜졌다.

소화 데레사는 아무리 억울해도 작은 변명도 하지 않으려 노력했다는 이야기였다. 변명이 너무 하고 싶으면 입을 막고 그 자리를 벗어났다는 이야기였다. 변명이란 단어가 그렇게 깨끗하게 지워지고 있었다. 아무리 억울해도 그저 받아들일 수 있는가. 변명도 한마디 안 하고 받아들일 수 있겠는가였다. 그러면서 "어렵지요, 성녀도 그랬다는데요"라 했다.

나는 변명 정도가 아니고 '너는 나한테 잘못했다고 불어라'고 난리를 치고 있는 수준이어서 변명조차 하지 않으려 했다는 내용이 머릿속에 남아 있기가 어려웠을 것 같다. 그래도 스스로 생각해 냈다.

"나한테 잘못했다고 해라"를 멈추는 연습부터 필요하다. 거친 말이 나올 것 같으면 입을 막고 피하는 것이다. 성녀도 노력했다는데 당연히 나는 노력을 해야 하는 소소한 인간이다. 잘하기도 하고 잘못하기도 하면서 해보겠다. 어쩌면 평생 살아 온 것과 책을 쓰는 일이 변명하기 위해서였다는 생각이 든다. 숨 쉬듯 당연한 일이었기에 부끄러운 줄도 모르겠다. 부끄러운 줄은 모르지만, 소화 데레사 성녀의 노력은 이해했기 때문에 나도 해보겠다.

올여름은 유난히 덥고 길었는데 어느새 10월도 다 지나가고 있다. 마당에는 금목서와 은목서나무에 노란 꽃과 흰 꽃이 잎을 뒤덮으며 피어서 천리만리 간다는 향기를 뿜고 있다. 봉숭아꽃은 여름에 익어서 터진 씨앗이 싹을 다시 자라게 해서 가을에 다시 꽃을 매달았다. 그동안 유일하게 열매를 맺지 못하던 가지나무 한 그루가 늦게야 보라색 꽃이 서너 개 피길래 기다려 봤더니 손톱만한 가지를 하나 매달았다. 큰 가지가 될 수 있을지는 모르지만, 옆에 나무들을 뽑으면서도 혹시 하고 두었더니 보라색 작은 가지가 생겼다.

글을 쓰다가 어머니한테 전화했더니 "우리 딸 옥희" 하며 받는다. '누가 시켰나, 와 이라지…' 어색했지만 괜찮은 것도 같다. 원망하고 화만 내다가 다정하게 말하는 것은 여간 어색한 일이 아니다. 늦게 삐죽 나오고 있는 보라색 가지처럼 나도 삐죽거리더라도 말을 부드럽게 해볼까 싶다.

나도 할머니가 되었는데도 어머니가 필요했다는 생각이 든다. 나를 사랑하는 다정한 어머니가 필요했다. 거울 속의 나는 어머니의 얼굴을 하고 있다. 점점 작게 쭈그러들고 있는 몸을 하고서 가엾고 가엾은 어머니의 얼굴이다.

오늘은 154명의 사망자가 생겼던 이태원 할로윈데이 참사 1주년이었다. 우연히 곡조에 맞춰서 154명의 이름을 하나하나 노래처럼 불러주는 걸 방송에서 들었다. 다른 어떤 애도의 말이 필요 없었다. 노래처럼 불러주는 그 이름들이 멀리 퍼져나가서 이름의 주인들과 만나는 모습이 보이는 듯했다.

이제까지 내가 만난 사람들의 이름을 나도 부르고 싶어졌다. 다시 만나기는 어렵겠지만 후회와 감사를 담아서 그들에게 닿기를 바라고 싶어졌다.

내 마음의 왼쪽과 오른쪽에 대하여

• • •

1

(음악이 들리며 등장)

(옆으로 앉아 정면을 보며)

나는 왼쪽이야. 그러나 나를 백설이라고 부르기도 하고, 예수라고 부르는 사람도 있어.

(일어나서 앞으로 나와서)

해 질 무렵 길을 가고 있는데 나를 보고 공주님이라고 부르며 다가오는 사람도 있었어.

그 사람은 난쟁이 같기도 하고 칼을 찬 시종 같기도 하고 마녀 같기도 했어.

나는 무서워서 도망치려고 했지만 나는 너무 작고 연약해서 한발도 뗄 수 없었어.

나는 아기 같았어. 팔다리는 오그라들고 근육들이 다 들러붙어서 뻣뻣했어.

나는 두려웠고 절망했고 애원했어.

그러나 소리가 밖으로 나오지 않았어,

(가면 옆으로 가서)

(춤추듯 움직임)

나는 오래전에 이미 죽었는데 또 죽어야 하는, 공포에 질린 아이 같아.

아니 어쩌면 무심하게 버려진 더러운 헝겊 인형 같아.

누군가 내 옆을 지나가면 나는 이미 죽어있고, 그래서 지나간 사람이 범인이 되는 잔혹한 이야기를 만들지.

(돌아보며)

그래도,
나를 모른체하면 안 돼.

(앞으로 나오며)

내 옆에 멈춰 줘, 제발.
나를 바라봐 줘, 제발.
나를 껴안아 줘, 제발.
나를 두고 가 버리지 마, 제발.

(뒤로 걸어가다 정면으로)

차라리 내 눈을 가려줘, 영원히.

(퇴장)

2

(음악이 바뀌며 옷을 바꿔 입고 등장)

(가면을 보고 정면으로)

나는 오른쪽이야.

나는 너의 계모이고 마녀이고 헤롯이지.

(앞으로 나와서)

그리고 사실 이건 엄청난 비밀이고 아무도 모르는 건데,
나를 낳고 키운 건 왼쪽이지.

백설이 태어난 날 백설은 친엄마를 죽이고 새로 마녀를
낳았지.

(천을 이용하여 춤추듯 움직임)

그런데 딸을 찾아다니던 그 엄마를 낳은 딸은 도대체 어디로
갔을까?

숲속 어딘가 난쟁이 집일까 아니면 과자로 만든 집일까.

물레에 손가락이 찔려 잠이 들었을지도 몰라.

잠든 공주가 있는 성은 붉은 장미 가시로 울타리가 되어 있대.

가시울타리에는 죽은 사람들의 찢어진 옷자락이 펄럭거리고 있대.

그 딸도 엄마가 무서워서 멀리 도망갔겠지.

(뒤로 가서 두 팔을 벌리고 큰 호흡으로)

나는 너의 계모이고 마녀.

나는 너를 죽이려는 헤롯.

나는 너를 강간하고 악마에게 팔아넘기는 아버지.

나는 너의 손목을 자르고 불길에 던지는 푸른 수염.

나는 너에게 빨간 신을 신고 춤추게 하지.

가시덤불 속에서 피투성이 다리로 춤추게 하지.

나는 온몸이 가시로 덮인 짐승이야.

(앞으로)

나는 멈출 수가 없구나. 손을 내민 적도 없구나.
너를 껴안을 수가 없구나.
너와 눈을 마주친 적이 없구나.

(가면 앞으로 가서)

너를 스쳐 지나가고, 또 스쳐 지나가고 있구나.

(앞으로 나온다)

나의 예수, 나의 헤롯, 나의 딸, 나의 장미, 나의 백설, 나의
꿈, 나의 희망, 나의 기쁨, 나의 사랑.
너는 나의 꿈이어야 했어.
너는 나의 사랑이어야 했다
너는 나의 희망이어야 했다.
너는 나의 기쁨이어야 했어.

(서서 막이 닫힐 때까지 대사를 반복하는 동안
음악 소리가 점점 커지다가 점점 작아진다.)

구원하소서.

〈Salva Me〉

구원해 주세요
구원해 주세요
주 하느님 저를 불쌍히 여기소서
주 하느님 저를 불쌍히 여기소서
저를 데려가 주세요
제가 두려워하는 어둠으로부터
폭풍이 가까이 왔을 때에
끝없는 밤으로부터
저의 보이지 않음으로부터
빛의 하늘로
제가 날도록 자유롭게 해주세요
저를 구원해 주세요
저를 구원해 주세요
주 하느님 저를 불쌍히 여기소서
주 하느님 저를 불쌍히 여기소서

저를 데려가 주세요

해가 되는 것들로부터

잔잔한 바다 위에서

끝없는 밤으로부터

저의 보이지 않음으로부터

빛의 하늘로

제가 날도록 자유롭게 해주세요

저를 구원해 주세요

저를 구원해 주세요

_ Libera Official